Jonathan Riley-Smith
Wozu heilige Kriege?

Jonathan Riley-Smith
Wozu heilige Kriege?
Anlässe und Motive der Kreuzzüge
Aus dem Englischen von
Michael Müller

Verlag Klaus Wagenbach   Berlin

Die englische Originalausgabe erschien erstmals 1977 unter dem Titel *What Were the Crusades?* bei Palgrave Macmillan in Houndmills, Basingstoke und New York. Grundlage für die deutsche Ausgabe ist die 2002 erschienene dritte Auflage.

Wagenbachs Taschenbuch 480
Deutsche Erstausgabe
2. Auflage im März 2005

© 1977, 1992, 2002 Jonathan Riley-Smith
© 2003 für die deutsche Ausgabe: Verlag Klaus Wagenbach,
Emser Straße 40/41, 10719 Berlin.
Umschlaggestaltung: Julie August unter Verwendung einer Miniatur aus dem 13. Jahrhundert. Reihenkonzept: Rainer Groothuis. Das Karnickel auf Seite 1 zeichnete Horst Rudolph. Gesetzt aus der Aldus und der Frutiger von den MEDIENPROFIS, Leipzig. Gedruckt und gebunden bei Pustet, Regensburg.
Printed in Germany. Alle Rechte vorbehalten.

ISBN 3 8031 2480 8

Inhalt

Was waren die Kreuzzüge? 7

Ein gerechter Anlaß 20
Ein Anlaß, der den Krieg rechtfertigt 20
Kreuzzüge in den Vorderen Orient 26
Kreuzzüge in Spanien 31
Kreuzzüge in Nordosteuropa 33
Kreuzzüge gegen Schismatiker und Häretiker 34
Kreuzzüge gegen säkulare Kräfte im Westen 39
Ein Anlaß für einen Kreuzzug 42

Rechtmäßige Autorität 48
Die päpstliche Bevollmächtigung 48
Friede in der christlichen Welt 61
Die Kreuzzugspredigten 64
Die Finanzierung 75
Strategie 83
Kontrolle 85

Wer waren die Kreuzfahrer? 90
Das Gelübde 90
Büßer 93
Der Ablaß 100
Märtyrer 107
Privilegien 110
Wer waren die Kreuzfahrer? 114

Einige Kreuzfahrer, wirkliche und der Phantasie entsprungene 123
Die Sippe Montlhéry 123
Hugo von Chaumont-sur-Loire, Herr von Amboise 124
Leopold VI., Herzog von Österreich 128
Gottfried von Sergines 129
Chaucers Ritter 133
Die Ritterorden 136

Wann fanden die Kreuzzüge statt? 142

Zeittafel 147

Forschungsliteratur. Eine Auswahlbibliographie 158

Nachwort 167

Register 179

Was waren die Kreuzzüge?

Die Kreuzzüge waren eine der großen Kräfte in unserer Geschichte. Sie waren kriegerische Unternehmungen, und zwar, was das geographische Gebiet, in dem sie stattfanden, wie auch die Zahl der in sie involvierten Menschen betrifft, von so gewaltigen Dimensionen, daß sie zwischen 1095 und 1500 die Gedanken und Gefühle der Einwohner Westeuropas beherrschten und es während dieser Periode kaum einen Autor gab, der sich über zeitgenössische Ereignisse äußerte, ohne an irgendeinem Punkt seiner Ausführungen auf diese Kampagnen selbst oder auf das Schicksal der Siedlungen, die im Zusammenhang mit ihnen am Ostufer des Mittelmeers, in Spanien oder an der Ostsee gegründet worden waren, einzugehen. Noch im achtzehnten Jahrhundert ging ein gewisser Reiz von ihnen aus. Sogar heute fällt es schwer, gegenüber ihrer Geschichte eine indifferente Position einzunehmen: Sie wurden einer Sache wegen unternommen, die sowohl als die nobelste als auch als die schändlichste hingestellt worden ist, und über die Jahrhunderte hinweg haben Menschen sich ihnen zugewandt, um Inspiration zu finden oder um sich Anschauungsunterricht in Sachen menschlicher Korruptheit zu verschaffen. In der Neuzeit haben die Franzosen in ihnen die ersten kolonialen Eroberungszüge ihres Landes gesehen. In Palästina haben sich im Jahr 1917 die Briten und seit den vierziger Jahren die Israelis als Erben der Kreuzzug-Tradition empfunden. In den sechziger Jahren hat eine Bewegung innerhalb der christlichen Kirche, die von Befreiungstheologen und Aktivisten der neuen Linken getragen wurde, anscheinend ohne sich dieser Tatsache gewahr zu sein, einigen Ideen der Theoretiker der Kreuzzüge wieder Ausdruck verliehen, und das gleiche haben moderne Apologeten »humanitärer« Kriegsführung getan – ebenfalls ohne sich ihrer Vorläufer im Mittelalter bewußt zu sein. Wie auch immer man sie beurteilt: Die Kreuzzüge haben in die Politik der östlichen Mittelmeerregion Kräfte eingeführt, die über 600 Jahre lang am Leben blieben, und sie haben dazu beigetragen, daß innerhalb der römisch-katholischen Christenheit Elemente heranwuchsen, die heute ein integraler Bestandteil von ihr zu sein scheinen.

Und doch: Die Tatsache, daß viele von uns immer noch keine klare Vorstellung davon haben, was die Kreuzzüge eigentlich waren, obwohl diese nahezu ein Jahrtausend lang Menschen in ihren Bann gezogen haben und mehrere Jahrhunderte lang von Wissenschaftlern erforscht worden sind, zeigt, daß eine Definition nicht einfach ist. Man muß sich zwangsläufig fragen, wie man eine grobe Vereinfachung vermeiden kann, wenn man eine historische Erscheinung darzustellen versucht, die Europa so lange dominiert hat. Die Bewegung brauchte ein Jahrhundert, um Kohärenz zu erlangen, und danach richtete sie sich nach den jeweils herrschenden Umständen aus. Nicht alle Kreuzzüge waren die großen, sorgfältig organisierten Unternehmungen, die von den Historikern mit – recht unzutreffenden – Ordnungsziffern versehen worden sind. Kreuzheere konnten nur wenige Teilnehmer umfassen oder auch aus verstreuten Menschenhorden bestehen, die zu verschiedenen Zeitpunkten, die sich über mehrerere Jahre verteilten, aufbrachen. In bestimmten Zeiträumen – den siebziger Jahren des zwölften Jahrhunderts oder dem späten dreizehnten Jahrhundert – nahmen viele Kreuzzüge eine solche Form an. Es gab keinen feststehenden, einzelnen Ausdruck, mit dem über die Zeiten hinweg ein Kreuzzug oder die Teilnehmer an ihm bezeichnet wurden. Außer mit den verschiedenen volkssprachlichen Wörtern, die sich im dreizehnten Jahrhundert einbürgerten – wie *croiserie* im Französischen und im Englischen –, konnte ein Kreuzzug auch mit dem Ausdruck Pilgerfahrt *(iter oder peregrinatio)* bezeichnet werden; er konnte »Heiliger Krieg« (*bellum sanctum* oder *guerre sainte*) genannt werden, man konnte sich auf ihn aber auch mit Termini wie »Fahrt« oder »Generalfahrt« *(passagium generale)*, »Kreuzesexpedition« *(expeditio crucis)* oder »Angelegenheit Christi« *(negotium Jhesu Christi)* beziehen: Man beachte, wie viele dieser Ausdrücke Euphemismen waren. Von Beginn an bezeichnete man die Kreuzfahrer als *crucesegnati*, als »mit dem Kreuz Gezeichnete«, jahrhundertelang nannte man sie aber auch Pilger, vor allem, aber nicht nur, wenn sie in den Vorderen Orient zogen. Das Problem besteht natürlich darin, daß Kreuzzüge zu einem zu vertrauten Element in der mittelalterlichen Welt wurden, als daß sie im Detail beschrieben werden mußten.

Die Zeitgenossen wußten ganz genau, was ein Kreuzzug war. Wie erkannten sie, daß es sich bei einer bestimmten Unternehmung um einen solchen handelte? Die Schriften von Chronisten, Apologeten und Kirchenrechtlern liefern uns Aufschluß darüber, welche Anzeichen die Gläubigen damals gewahr werden ließen, daß von der Kanzel zu einem Kreuzzug aufgerufen wurde. Als erstes wurden in solchen Predigten die versammelten Gläubigen – oder einige von ihnen – aufgefordert, »das Kreuz zu nehmen«, das heißt, man ließ sie ein Gelübde ablegen, an einer militärischen Unternehmung mit genau definierten Zielen mitzuwirken. Jeder von ihnen war durch dieses Gelübde dazu verpflichtet, ein Kreuz aus Tuch an seiner Kleidung zu befestigen, und man erwartete von ihm, daß er dieses unverwechselbare Emblem nicht wieder entfernte, bis er sein Versprechen erfüllt hatte. Der Schwur, den diese Menschen ablegten, war von einer besonderen Art; ich werde später noch ausführlicher darauf eingehen, im Augenblick ist vor allem relevant, daß Männer und Frauen, Arme und Reiche, Priester und Laien bei einer öffentlich abgehaltenen formellen Zeremonie aus freien Stücken das Versprechen abgaben, an der betreffenden Kampagne teilzunehmen, und daß man anschließend an ihrem Äußeren ablesen konnte, daß sie dies getan hatten.

Wir dürfen jedoch nicht glauben, daß es ausschließlich Kreuzritter waren, die auf einen Kreuzzug gingen; die Zahl der Ritter war oft – vor allem bei den späteren Unternehmungen – recht klein, aber sie waren immer von einem großen Gefolge und vielen Mitläufern begleitet, und es wurde üblich, große Scharen von Berufssoldaten einzusetzen, und sogar Usus, daß die Kreuzfahrer, mit entsprechenden Summen Geld versehen, in den Orient zogen, um dort Söldner anzuheuern. Eine bei Adeligen verbreitete Praxis, die mit der Teilnahme an einem Kreuzzug assoziiert wurde, es ihnen aber nicht abverlangte, wirklich das Kreuz zu nehmen, bestand darin, ein frommes Werk zu tun, indem sie im Heiligen Land oder bei einem der Ritterorden als sogenannte *milites ad terminum* – für einen festgesetzten begrenzten Zeitraum also – dienten. Vom dreizehnten Jahrhundert an brachen auch viele von denen, die das Kreuz nahmen, nicht wirklich zu einem Feldzug auf. Indem sie von der Möglichkeit der *substitutio* oder der *redemptio* Gebrauch machten, schickten sie eine andere Person an ihrer Stelle auf den Weg oder stifteten eine bestimmte Summe Geldes, anstatt in den Kampf zu ziehen, womit sie dazu beitrugen, eine solche Unternehmung zu finanzieren.

Das zweite Zeichen dafür, daß ein Kreuzzug vorbereitet wurde, war, daß diejenigen, die das Kreuz nahmen, damit einem Aufruf Folge leisteten, den niemand anders als der Papst in seiner Eigenschaft als Stellvertreter oder Repräsentant Christi auf Erden ergehen lassen konnte. Das dritte Merkmal bestand darin, daß den Kreuzfahrern für die von ihnen abgelegten Gelübde und für die Ausführung der von ihnen versprochenen Taten bestimmte wohlbekannte Privilegien eingeräumt wurden. Diese waren einer Entwicklung unterworfen, und neue Vorrechte kamen zu jenen hinzu, die anfangs gewährt worden waren, man kann aber sagen, daß Kreuzfahrer zu jeder Zeit die Zusicherung erhielten, daß ihre Familien, Interessen und Besitztümer während ihrer Abwesenheit geschützt sein würden.

Viertens: Sie kamen in den Genuß von »Ablässen«. In dieser Tatsache kommt das charakteristischste Merkmal der Kreuzzüge zum Ausdruck: daß sie nämlich zur Buße unternommen wurden. Die Kreuzfahrer hatten geschworen zu kämpfen, um Buße zu tun, das heißt, um Gott etwas von dem zu zahlen, was ihm aufgrund ihrer Sünden zustand. Ein Ablaß konnte nur vom Pontifex oder seinen Bevollmächtigten gewährt werden, und die entsprechenden Hinweise in den päpstlichen Bullen waren es, die die Gläubigen wirklich davon in Kenntnis setzten, daß zu einem Kreuzzug aufgerufen wurde.

Ein auffallendes Merkmal der Ablässe – oder wie man sie im Zusammenhang mit den frühen Kreuzzügen nannte – der »Sündenerlasse«, die den Teilnehmern an einigen militärischen Kampagnen in West- und Mitteleuropa gewährt wurden, war, daß eine spezifische Verbindung zu den Vergünstigungen hergestellt wurde, die Kreuzritter erhielten, welche auszogen, um Jerusalem zurückzuerobern oder das Heilige Land zu verteidigen.

Wir gestehen allen jenen, die in diesem Feldzuge wacker kämpfen, denselben Sündenerlaß zu, den wir den Verteidigern der Ostkirche gewährt haben.
[Papst Calixtus im Jahr 1123 mit Bezug auf Spanien]

Alle jene, die nicht dieses Kreuz Jerusalems empfangen, sondern sich entschließen, gegen die Slawen zu ziehen und bei jener Unternehmung mitwirken, gestehen Wir [...] jenen Erlaß der Sünden zu, den unser Vorgänger glücklichen Angedenkens, Papst Urban, für jene einrichtete, die nach Jerusalem zogen.
[Papst Eugen III. im Jahr 1147 mit Bezug auf Deutschland]

Wir gewähren Ablaß [...] all jenen, die diese mühevolle Aufgabe persönlich bewältigen oder auf ihre Kosten ausführen lassen und jenen, die nicht persönlich teilnehmen, sondern geeignete Krieger auf eigene Kosten aussenden, so wie es ihren Mitteln und ihrem Stand entspricht, und auch jenen, die, von einem anderen bezahlt, diese Last persönlich auf sich nehmen, und wir wollen, daß sie jenes Vorrecht und jene Immunität genießen, die auf dem allgemeinen Konzil jenen zugestanden wurden, die dem Heiligen Land beistehen.
[Papst Innozenz IV. im Jahr 1246 in seiner Erklärung des Krieges gegen Kaiser Friedrich II.]

Wir haben es für angemessen erachtet, dieselben Ablässe zu bewilligen, die in ähnlichen Fällen gewöhnlich vom Heiligen Stuhl jenen zugestanden wurde, die ausziehen, um dem Heiligen Land beizustehen.
[Papst Johannes XXII. im Jahr 1326 mit Bezug auf Spanien]

Wenn man diese und andere Texte liest, in denen Ablaß gewährt wird, dann wird einem klar, daß nach Ansicht der päpstlichen *Curia* viele der Feldzüge in Spanien und an den Küsten der Ostsee gegen Ketzer und Schismatiker und sogar solche gegen säkulare Kräfte in Westeuropa derselben Gattung angehörten wie die Unternehmungen im Orient. Und man muß in diesem Zusammenhang nachdrücklich darauf hinweisen, daß das Fehlen einer solchen Erwähnung des Heiligen Landes in einer päpstlichen Bulle zu einem Feldzug in Europa kein Beweis dafür ist, daß nicht doch stillschweigend eine Gleichsetzung mit den Kreuzzügen nach Palästina vorgenommen wurde: Der Livländische Kreuzzug von 1199 war im Denken und Empfinden der Zeitgenossen mit Sicherheit mit den Kampagnen im Orient assoziiert, obwohl eine solche Verbindung in der uns überlieferten Autorisation von Papst Innozenz III. nicht ausdrücklich hergestellt wird. Belege für dieselbe Einstellung kann man in Gottesdienstordnungen ausfindig machen, in den Schriften von Kirchenrechtlern und in Predigten, und man kann sie auch in der im dreizehnten Jahrhundert gebräuchlichen Praxis der *commutatio* entdecken: Ein Mann konnte das, wozu er sich in einem Gelübde verpflichtet hatte, beispielsweise dem Heiligen Land zur Hilfe zu kommen, »umwandeln«, also statt dessen etwa an einer Kampagne in Europa teilnehmen. Die Päpste, die den Freiwilligen, die auf diesen anderen Kriegsschauplätzen kämpften, Ablaß bewilligten, scheinen der Meinung gewesen zu sein, daß Kreuzzüge ein zu nützliches Instrument waren, als daß man sie zu nichts anderem als zur Befreiung Jerusalems oder Unterstützung des christlichen Palästinas einsetzen sollte; allerdings setzten die Unternehmungen im Vorderen Orient die Maßstäbe, nach denen alle anderen beurteilt wurden. Und indem sie auf die päpstlichen Appelle reagierten und in Spanien, im Baltikum und anderswo kämpften, ließen die Freiwilligen erkennen, daß sie die Ansicht der Kirchenoberhäupter teilten.

Für die Zeitgenossen war ein Kreuzzug eine Unternehmung, zu der der Papst im Namen Christi die Autorisation erteilt hatte. Er zeichnete sich weiter dadurch aus, daß die maßgeblichen Teilnehmer ein Gelübde abgelegt hatten und in Folge davon bestimmte Vorrechte genossen, nämlich in der Heimat unter einem besonderen Schutz zu stehen und einen Ablaß zu erhalten, welcher, falls nicht der Orient das Ziel ihres Feldzuges war, mit jenem gleichgesetzt wurde, der denen gewährt wurde, die als Kreuzfahrer ins Heilige Land zogen. Die Kenntnis dieser Merkmale ermöglicht es uns, genau zu bestimmen, welche Kampagnen damals als Kreuzzug angesehen wurden. Ansonsten bringt sie uns aber nicht viel weiter: Wir können lediglich ermitteln, was für ein Vorhaben für eine päpstliche Autorisation jener besonderen Art qualifiziert war, indem wir untersuchen, welche Merkmale jenen Unternehmungen gemeinsam sind, die wir bereits als Kreuzzüge identifiziert haben. Obwohl viele der Züge in den Orient – und auch viele von denen, die im Okzident stattfanden – als Pilgerfahrten behandelt wurden, waren sie natürlich auch Militäraktionen, und eine gute Methode, sich eingehender mit ihnen zu beschäftigen, besteht darin, sie vor dem Hintergrund christlicher Vorstellungen hinsichtlich der Verwendung von Gewalt zu betrachten.

Wenn wir einräumen, daß es Anlässe gibt, die einen Krieg rechtfertigen, und zumindest seit dem vierten Jahrhundert sind viele Menschen fest davon überzeugt gewesen, daß es sie gibt, dann müssen wir auch zugestehen, daß unter gewissen Umständen das Fünfte Gebot, mit dem Gott die Tötung eines Menschen untersagt, außer acht gelassen werden kann. Welche Umstände sind dies aber? Auf diese Frage sind von Christen – mit Ausnahme von solchen, die bedingungslose Pazifisten sind – zwei unterschiedliche Antworten gegeben worden. Die erste, die heute die am meisten verbreitete und – merkwürdigerweise – die einzige von modernen Moraltheologen ausführlich diskutierte ist, wird mit Hilfe der – wie man sie zumeist nennt – Theorie vom Gerechten Krieg erteilt. Dabei wird von der Prämisse ausgegangen, daß Gewalt zwar etwas Böses ist, daß aber ein Krieg dann, wenn er sich gegen unerträgliche Zustände richtet und strengen Regeln unterworfen ist, von Gott als das geringere Übel verziehen werden kann. Daran ändert auch die Tatsache nichts, daß der einzige positive Aspekt an einem solchen Krieg darin besteht, daß man mit ihm die Ordnung wiederherzustellen oder den Status quo zu bewahren sucht. Um 400 versuchte der Heilige Augustinus, der Kirchenvater und Bischof von Hippo Regius, der erste und immer noch am meisten reflektierte christliche Denker, der sich mit dem Phänomen Gewalt auseinandergesetzt hat, die Kriterien zu definieren, die ein Krieg erfüllen mußte, bevor er als ein gerechter oder gerechtfertigter angesehen werden konnte. Diese Kriterien wurden später von Theologen und Kirchenrechtlern zahlenmäßig auf drei reduziert und stark simplifiziert. Erstens: Der Krieg muß einen *Anlaß* haben, der ihn rechtfertigt, und normalerweise konnte ein solcher Anlaß nur in der gegenwärtig stattfindenden oder vergangenen aggressiven Aktion oder einem selbst abträglichen Handlung eines anderen bestehen. Zweitens: Er mußte auf das gründen, was als *Autorität des Fürsten* bekannt war. Mit anderen Worten: Er mußte von einer rechtmäßigen Autorität proklamiert werden, die natürlich zumeist säkularer Natur war, obwohl, wie wir noch sehen werden, es immer ein Mann der Kirche war, mit Machtbefugnissen, die auch die Billigung eines Krieges einschlossen, der zu einem Kreuzzug aufrief. Fünf Jahrhunderte, bevor der erste Kreuzzug stattfand, waren diese beiden Kriterien von Isidor von Sevilla in einem Satz zusammengefaßt worden, der in den Kodex des Kirchenrechts einging: »Jener Krieg ist rechtmäßig und gerecht, der auf Befehl von oben hin geführt wird, um Besitz zurückzuerobern oder einen Angriff abzuwehren.« Das dritte Kriterium war als *rechte Gesinnung* bekannt. Jeder der Teilnehmer sollte lautere Motive haben, und der Krieg mußte das – allem Anschein nach – einzige geeignete Mittel sein, mit dem sich das – gerechtfertigte – Ziel erreichen ließ; doch sogar, wenn auch diese dritte und letzte Bedingung erfüllt war, sollte nicht mehr Gewalt eingesetzt werden, als unbedingt nötig war.

Die Theorie vom gerechten Krieg in ihrer heutigen Ausprägung hat diese drei Kriterien gewissermaßen als Erbe übernommen, sie aber mit anderen Prinzipien verschmolzen, darunter mit der Überzeugung, daß Gewalt von ihrem Wesen her böse ist, die sie dem Pazifismus, wie er in der ersten Hälfte des neunzehnten Jahrhunderts aufkam, entliehen zu haben scheint. Vor 1800 jedoch hatte eine andere Rechtfertigung, das Fünfte Gebot außer acht zu lassen, mehr Gewicht, und diese ging auf eine wesentlich positivere Einstellung gegenüber dem Einsatz von Gewalt zurück. Man war in jener Zeit allgemein der Ansicht, daß Gewalt keineswegs ihrer Natur nach böse, sondern vielmehr in moralischer Hinsicht neutral sei, beziehungsweise ihre moralische Einfärbung erst durch die Intentionen derjenigen, die sie anwandten, erhielt. Es war daher, theoretisch, möglich, sich »gute« Gewalt vorzustellen und sogar eine »gerechte« Verfolgung anderer. Dies lieferte eine der Grundlagen für die mittelalterliche Vorstellung vom heiligen Krieg. Eine weitere war die Überzeugung, daß Gott aufs innigste mit einer politischen Struktur oder dem Ablauf eines politischen Geschehens in dieser Welt, die das Produkt seines Willens war, verbunden war. Man glaubte also, daß der Einsatz von Gewalt zur Unterstützung dieses Gemeinwesens oder zur Gewährleistung des richtigen Ablaufes politischer Ereignisse der Verwirklichung von Gottes Intentionen bezüglich der Menschheit förderlich sein könnte. Ihre Anwendung mußte immer noch als eine unerfreuliche, wenngleich notwendige Reaktion auf einen ungerechten oder aggressiven Akt gerechtfertigt werden, sie stellte sich aber auch als positive Maßnahme dar, die in Übereinstimmung mit den Wünschen Gottes stand. Heilige Kriege konnten, wie der Theologe Jacques Maritain vor sechzig Jahren erkannte, nur geführt werden, wenn man die weltliche Ordnung und Gottes Intentionen als unlösbar miteinander verflochten betrachtete.

Ein Kreuzzug war jedoch eine besondere Art von heiligem Krieg, jedenfalls insofern, als er auch der Buße halber unternommen wurde. Zunächst wurde er mit einer Pilgerfahrt nach Jerusalem in Zusammenhang gebracht, welches das erhabenste Ziel war, das eine Buß-Wallfahrt überhaupt haben konnte, und ein Ort, an den sich fromme Christen begaben, um zu sterben. Das mag der Grund dafür sein, daß so viele der allerersten Kreuzfahrer alte Männer waren. Das Kreuz wurde Männern und Frauen nicht als eine Art von Dienst am Herrn auferlegt, sondern auch zur Sühne ihrer Sünden, und die Verbindung zwischen Sühne und Krieg war erstmals ungefähr ein Jahrzehnt, bevor zum ersten Kreuzzug aufgerufen wurde, hergestellt worden. Ich werde das später ausführlicher darstellen, es ist jedoch wichtig zu begreifen, daß die Kreuzfahrer glaubten, sie träten eine Kampagne an, bei der die Erfüllung ihrer Verpflichtungen, jedenfalls wenn sie sie wirklich zu Ende führten, für jeden von ihnen einen Akt angemessener Selbstbestrafung darstellte. Man erwartete von ihnen, daß sie ihre Reise nicht in prunkvoller Manier absolvierten, sondern daß sie sich als einfache Pilger gewandeten und ihre Waffen und ihre Rüstungen in Säcken verstaut auf Packtieren mit sich führten. Im Jahr 1099, nach der Eroberung Jerusalems, warfen viele Überlebende des Feldzugs ihre Waffen und ihre Rüstungen fort und kehrten nur mit Palmzweigen in den Händen, die sie zum Beweis dafür geschnitten hatten, daß sie bis zum Ziel ihrer Pilgerfahrt vorgedrungen waren, in ihre europäischen Heimatländer zurück. Einer von ihnen, Rotrou von Perche, der Herzog von Mortagne, legte die von ihm mitgebrachten Palmwedel auf dem Altar der von seiner Familie gegründeten Abtei von Nogent-le-Rotrou nieder.

Die Überzeugung, daß der Kreuzzug ein heiliger und zur Buße unternommener Feldzug war, bedeutete nicht, daß die Teilnehmer von der Befolgung der Prinzipien befreit waren, die das Führen von Waffen durch Christen regelten und bis zu einem gewissen Grad einschränkten, ja der Glaube, daß ein Kreuzzug ein Bußwerk darstellte, verlieh diesen Prinzipien sogar noch mehr Gewicht. Um es noch einmal zusammenzufassen: Eine solche Unternehmung mußte insbesondere die Kritererien erfüllen, einer gerechten Sache wegen unternommen zu werden, auf der Autorität eines Fürsten zu basieren und einer lauteren Absicht zu entspringen. Natürlich wäre es absurd anzunehmen, daß alle Kreuzzüge einer Sache dienten, die angesehene Theologen für »gerecht« erachtet haben würden, oder daß alle Kreuzfahrer ehrenhafte Motive hatten, doch solche Abweichungen von den Idealen setzten diese nicht außer Kraft, das heißt, sie ändern nichts an dem, was und wie ein Kreuzzug hätte sein sollen. Untersuchungen erhellen allerdings, auf welche unvollkommene Weise die Ideale in die Praxis umgesetzt wurden. Apologeten achteten in ihren Schriften stets sorgfältig darauf, ausdrücklich darauf hinzuweisen, daß nur jene in den Genuß eines Ablasses kamen, deren Motive über jeden Verdacht erhaben waren, und gaben sich große Mühe nachzuweisen, daß eine bestimmte Kampagne um einer gerechten Sache willen unternommen wurde. Das war deswegen wichtig, weil es sich bei den Kreuzfahrern um Freiwillige handelte, die sich, wie die meisten Männer und Frauen, generell nicht an einer Unternehmung beteiligt hätten, die ganz offensichtlich nicht zu rechtfertigen war. Dieses Buch bemüht sich aber um Definitionen und will keine Urteile über die Motive einzelner Kreuzfahrer oder den Wert bestimmter Kreuzzüge abgeben.

Ein gerechter Anlaß

Ein Anlaß, der den Krieg rechtfertigt

Von der Mitte des dreizehnten Jahrhunderts an waren sich christliche Autoren im allgemeinen einig darüber, welche Anlässe einen Krieg rechtfertigten: Ein Krieg durfte nur in Reaktion auf einen aggressiven Akt begonnen werden. Das ist die Ansicht, die auch heute noch vorherrscht. Es ist gerechtfertigt, das eigene Land, die eigenen Gesetze und die eigene überkommene Lebensweise zu verteidigen, ebenso, den Versuch zu unternehmen, Eigentum, das einem ungesetzmäßigerweise von einem anderen weggenommen wurde, wieder an sich zu bringen und vielleicht sogar den Vollzug eines vorschriftsmäßig verhängten juristischen Urteils mit Mitteln physischer Gewalt zu erzwingen. Es ist hingegen nicht gerechtfertigt, einen Krieg zum Zweck der Vergrößerung oder Ausdehnung der eigenen Macht oder zur Bekehrung anderer zu führen. Dieses Prinzip galt für einen Kreuzzug nicht weniger als für irgendeinen anderen Krieg, doch im ersten Jahrhundert der Bewegung wurden auch noch andere Rechtfertigungen vorgebracht. Des Heiligen Augustinus Definition von zu Recht ausgeübter Gewalt – daß sie nämlich unrechte Taten räche –, setzte eine weniger passive Haltung von seiten des Gerechten voraus, als später für annehmbar erachtet wurde; als unannehmbar mußte sie gelten, solange Kirchenrechtler einer bestimmten Vorstellung von Rache anhingen – die sie bis ungefähr 1200 nicht losließ, danach aber anscheinend allmählich fallengelassen wurde –, und solange man sich an eine großzügige Auslegung dessen hielt, was ein zu rächendes

Unrecht war: Dazu konnte jeder Verstoß gegen die Rechtschaffenheit gehören, gegen die Gesetze Gottes oder gegen die christliche Lehre. Noch um die Mitte des dreizehnten Jahrhunderts scheint der große Kirchenrechtler Hostiensis (gestorben 1271) geglaubt zu haben, daß die Christenheit das naturgegebene Recht besitze, ihre Oberherrschaft auf jede Gesellschaft auszudehnen, die nicht die Führerschaft der Römischen Kirche oder des Römischen Reiches anerkenne.

Es scheint immer Unklarheit darüber bestanden zu haben, ob ein Kreuzzug zur Bekehrung Ungläubiger geführt werden dürfe. Zur Zeit des Ersten Kreuzzugs waren einige schon gefährlich nah daran, dies zum Zweck der Unternehmung zu erklären. Der Verfasser eines in Erzählform abgefaßten Berichts, Robert der Mönch – auch Robert von Reims genannt – ließ Papst Urban II. in Clermont seine Zuhörer an Karl den Großen und Ludwig den Frommen sowie an Frankenkönige erinnern, »die die Königreiche der Heiden zerstörten und in die Grenzen der Heiligen Kirche einbezogen«. Und in einem Schreiben, das sie dem Papst 1098, nachdem sie Antiochia in Syrien eingenommen hatten, übersandten, taten die Anführer des Kreuzheeres kund, daß sie gegen Türken und Heiden gekämpft hätten, nicht aber gegen Ketzer, und baten Urban, in eigener Person zu ihnen zu eilen, um jegliche Ketzerei auszurotten. Das Führen einer Missionierungskampagne gegen die Ungläubigen, über das in Deutschland schon lange nachgedacht worden war, war 1147, während der Vorbereitungen für einen Kreuzzug gegen die Heiden in Nordosteuropa, ein vieldiskutiertes Thema. In der päpstlichen Bulle *Divina dispensatione*, mit der diese Kampagne in Deutschland gebilligt wurde, wurde die Wichtigkeit von Bekehrungen hervorgehoben. Dies war ein Widerhall der Äußerungen Bernhards von Clairvaux, des späteren Heiligen Bernhard, dem die Unterstützung, die der Papst der deutschen Unternehmung gewährte, in erster Linie zuzuschreiben war. Bernhard untersagte in seinen Schriften jeden Friedensschluß mit den Heiden, »bis zu der Zeit, da sie, mit Gottes Hilfe, entweder bekehrt oder ausgelöscht sein werden«.

Man sollte betonen, daß Papst Eugen III. an keiner Stelle in seiner *Divina dispensatione* den Kreuzzug explizit damit rechtfertigte, daß er die Bekehrung von Heiden zum Ziel habe, und daß auch die Einstellung des Heiligen Bernhard keineswegs so undifferenziert war, wie die oben zitierte Äußerung suggerieren könnte: Für Bernhard bedrohten die Heiden ganz unmittelbar die Christenheit, und nur weil es keine Alternative zum Einsatz physischer Gewalt gab, mußten sie seiner Meinung nach vernichtet werden, wenn sie sich nicht bekehren lassen wollten. Doch Missionierung und Krieg waren bei den Kreuzzügen in Nordeuropa immer eng miteinander verbunden, und im Zusammenhang mit einem von ihnen, der 1209 stattfand, ermunterte Papst Innozenz III. den König von Dänemark dazu, das Kreuz zu nehmen und sich in den Genuß des Ablasses zu bringen, der auch deutschen Kreuzfahrern zugesichert wurde, um »die Verfehlung des Heidentums auszurotten und die Grenzen des christlichen Glaubens auszuweiten«. Das war eine außergewöhnliche Aussage, vor allem da sie von dem führenden Apologeten der Kreuzzüge unter den Päpsten des Mittelalters kam, und sie bleibt befremdlich, auch wenn Innozenz in seinem Schreiben explizit auf die Verfolgung christlicher Prediger durch die Heiden verwies. Es mag sich um ein momentanes geistiges Abirren von Seiten des Papstes – oder auch irgendeines Schreibers seiner *Curia* – gehandelt haben, aber es ist nicht die einzige merkwürdige Erklärung, die der Pontifex mit Bezug auf die Kreuzzüge abgab. 1201 verfügte er, die Notlage des Heiliges Landes sei derart groß, daß ein Mann auch ohne Zustimmung seiner Ehefrau das Kreuz nehmen könne. Dies widersprach dem traditionellen Prinzip des kanonischen Rechtes bezüglich des bindenden und unauflösbaren Charakters eines Ehevertrags und der Konsequenzen, die sich daraus ergaben: Niemand konnte einseitig, das heißt ohne dessen Zustimmung, dem Partner die ihm zustehenden ehelichen Rechte verweigern. Sogar Urban II. hatte anläßlich des Ersten Kreuzzugs sorgsam darauf geachtet, expressis verbis zu erklären, daß kein verheirateter junger Mann ohne Einwilligung seiner Gattin dem christlichen Heer beitreten dürfe. Innozenz III. hatte einen elementaren Fehler begangen, und spätere Kirchenrechtler waren darum bemüht, Ausnahmen von dem traditionellen Prinzip einzig und allein dann zuzulassen, wenn es um die Interessen des Heiligen Landes ging. Innozenz' Äußerungen gegenüber dem dänischen König und seine Beschneidung der Rechte der Frau eines Kreuzfahrers können vielleicht nur vor dem Hintergrund seiner Besessenheit von dem Kreuzzugsgedanken erklärt werden, wie sie in ähnlichem Grad kein anderer Papst außer Gregor X. – und womöglich Innozenz XI. – zu erkennen gab. Diese Besessenheit veranlaßte ihn dazu, zu nicht weniger als sechs Kreuzzügen aufzurufen oder zumindest seine Genehmigung zu ihnen zu erteilen. Es überrascht daher nicht, daß er gelegentlich über das Ziel hinausschoß.

Daß Rache für solche Vergehen wie die bloße Ablehnung des christlichen Glaubens oder die Weigerung, sich christlicher Herrschaft zu unterwerfen, wie auch die Möglichkeit, mit Gewalt eine Bekehrung zum Christentum zu erzwingen, hinreichende Gründe seien, um einen Krieg zu rechtfertigen, war eine Ansicht, die immer nur innerhalb bestimmter Minderheiten verbreitet war und nie von den maßgeblichen christlichen Denkern geteilt wurde.

Letztere stimmten generell dahingehend überein, daß man Nicht-Christen nicht dazu nötigen könne, die Taufe zu empfangen, und auch nicht physisch attackieren dürfe, nur weil sie anderer religiöser Überzeugung waren. Und wenn auch die Vorstellung von einem missionarischen Kreuzzug unterschwellig lebendig blieb, verschuf Papst Innozenz IV. Mitte des dreizehnten Jahrhunderts mit seiner ganzen Autorität wieder den konventionellen Ansichten über Sinn und Zweck eines Kreuzzugs Geltung. Er verkündete, daß auch die Ungläubigen dem Naturrecht nach gewisse Anrechte hätten und ein Krieg zum Zweck ihrer Bekehrung ungesetzlich sei; er legte aber auch dar, daß das Heilige Land rechtmäßiger Besitz der Christenheit sei, da es durch die Anwesenheit Christi geweiht und vom Römischen Reich, das in späterer Zeit zum Christlichen Reich wurde, in einem gerechten Krieg erobert worden sei. Als Stellvertreter Christi und Erbe der römischen Kaiser könne der Papst der christlichen Rechtsprechung in Palästina wieder zur Geltung verhelfen, und die Kreuzfahrer, die gen Osten zogen, eroberten nur ein Territorium zurück, das von Rechts wegen den Christen gehöre. Ein gerechter Krieg könne überdies ausgerufen werden, um Schaden abzuwenden, der einem sonst zu Unrecht zugefügt würde, oder aber, um andere für ihre Sünden zu bestrafen; der Papst könne daher einen Kreuzzug gegen einen heidnischen Herrscher proklamieren, nicht weil dieser Heide sei, sondern weil er eine Bedrohung für Christen darstelle oder gesündigt habe, indem er es, zum Beispiel, christlichen Missionaren nicht gestattet habe, auf seinem Territorium ihrer Bestimmung nachzugehen.

Innozenz' Einfluß kann man deutlich in einer Abhandlung erkennen, die gegen Beginn der siebziger Jahre des dreizehnten Jahrhunderts von dem ranghohen Dominikaner Humbert von Romans für Papst Gregor X. verfaßt wurde. Humbert machte sich ans Werk, um jenen einen Antwort zu erteilen, die die Meinung vertraten, daß Christen niemals die Initiative ergreifen dürften, sondern nur dazu berechtigt seien, sich zu verteidigen, wenn die Muslime einen Angriff auf sie unternähmen. Er hielt dagegen, daß die Muslime gefährlich seien und versuchten, der Christenheit Schaden zuzufügen, wann immer das möglich wäre; sie hätten Länder an sich gebracht, die einst im Besitz von Christen gewesen seien, und ließen derart offen jede Art von Frevel zu, daß kein Christ jemals in Frieden mit ihnen zusammenleben könne, ohne Schuld auf sich zu laden. Humbert behauptete, die Eroberung ihrer Länder sei aus diesen Gründen gerechtfertigt, und er sprach sich für Präventivschläge gegen sie aus, um ihre Macht zu schwächen, den christlichen Glauben in jenen Ländern wieder einzuführen, aus denen er verbannt worden war, und zum Ausdruck zu bringen, daß man keinerlei sündiges Gebaren toleriere. Er betonte jedoch, daß der Kreuzzug kein Angriffskrieg sei, da sein Ziel in der Wiedererlangung dessen bestehe, was einst christliches Territorium gewesen sei.

Man hat die Ansicht geäußert, daß die Kreuzzüge erst durch Papst Innozenz IV. den christlichen Gesetzen hinsichtlich des Einsatzes von physischer Gewalt unterworfen worden seien. Tatsächlich jedoch haben die traditionellen Kriterien, selbst wenn über sie diskutiert wurde, bei den Apologeten von Beginn an starkes Gewicht gehabt. Es fällt auf, wie konsistent in Propagandaschriften für die Kreuzzüge – ob diese nun in den Orient, nach Spanien oder an die Ufer der Ostsee führten, ob sie sich gegen Ketzer oder säkulare christliche Kräfte richteten – diese Unternehmungen damit gerechtfertigt wurden, daß sie der Wiedereroberung von Besitz oder der Abwehr von Angriffen dienten.

Kreuzzüge in den Vorderen Orient

Papst Urban II. glaubte, berechtigten Anlaß zu einer kriegerischen Unternehmung zu haben, als er zum Ersten Kreuzzug aufrief – ein Schritt, den er möglicherweise schon über mehrere Jahre hinweg in Erwägung gezogen hatte. In der ersten Märzwoche des Jahres 1095 hatten sich in Piacenza französische, italienische und deutsche Bischöfe zu einer Synode versammelt. Zu diesen Männern kam eine Gesandschaft des byzantinischen Kaisers Alexios I. Comnenus, die den Papst dringend ersuchte, die Westeuropäer dazu zu bewegen, der Ostkirche Hilfe bei der Abwehr der türkischen Heere zu leisten, die durch Kleinasien gefegt waren und schon kurz vor Konstantinopel standen. Urban hatte auf ihre Bitten mit einer Predigt reagiert, in der er seine Untertanen gedrängt hatte, dem byzantinischen Herrscher beizustehen. Die verschlungene Route, auf der er nach der Synode in Piacenza mit seinem Gefolge durch Frankreich reiste, zeigt, daß er sich vorgenommen hatte, »das Denken und Fühlen« der Adeligen und Ritter in seinem Heimatland zu »stimulieren«, wie er selbst es nannte. Auf seiner ein Jahr währenden Reise zog er mit der Tiara auf dem Haupt durch Landstädtchen, in denen man seit Menschengedenken nie oder kaum jemals ein gekröntes Haupt zu Gesicht bekommen hatte, und ließ sich dabei stets von einer Entourage begleiten, zu der Kardinäle und andere hohe Würdenträger der Römischen Kirche und eine Schar französischer Erzbischöfe und Bischöfe gehörten. Seine Auftritte waren bewußt theatralisch gehalten: Überall, wo er hinkam, weihte er Kathedralen, Kirchen und Altäre. Er führte den Vorsitz über Konzile in Clermont (November 1095), dem in der Nähe von Tours gelegenen Marmoutier (März 1096) und Nîmes (Juli 1096), wo sein ohnehin schon eindrucksvolles Gefolge noch gewaltig vergrößert wurde. Zu einem Kreuzzug forderte er zum ersten Mal in einer Predigt auf, die er am 27. November unter freiem Himmel, nämlich auf einem Feld außerhalb von Clermont hielt. Sein Aufruf blieb ohne besondere Wirkung, weil sich unter der Zuhörerschaft nur wenige Laien von Bedeutung befanden, was gar nicht seinen Wünschen entsprach, denn er hatte seine Bischöfe angewiesen, die bedeutendsten Adeligen in ihren jeweiligen Diözesen zu dem Konzil mitzubringen. Auch in Limoges, Angers, Le Mans, Tours und Nîmes forderte er von der Kanzel herab dazu auf, das Kreuz zu nehmen, und wahrscheinlich tat er das auch noch anderswo. In Tours und möglicherweise auch in Le Mans führte er den Vorsitz bei Zeremonien, bei denen Freiwillige das Kreuz nahmen und ihre Gelübde ablegten. Er machte einen Umweg, um in dem großen Marienheiligtum von Le Puy Mariä Himmelfahrt zu feiern; der Bischof von Le Puy, Adhémar von Monteil, sollte als sein Stellvertreter an dem Kreuzzug teilnehmen. In Saint Gilles und Poitiers beging Urban die Feste des Heiligen Ägidius beziehungsweise des Heiligen Hilarius.

Bald wurde deutlich, daß sein Aufruf großen Widerhall fand, vielleicht sogar einen größeren, als er selbst erwartet hatte. Es gibt viele Beschreibungen der Botschaft, die er zu vermitteln suchte; man kann zwar den meisten davon nicht trauen, da sie in der überschwenglichen Begeisterung nach der Einnahme Jerusalems verfaßt wurden, doch sind zusammen mit diesen Darstellungen durch andere auch fünf seiner Erlasse, in denen auf den Kreuzzug eingegangen wird, und der Text einer seiner Verfügungen zu dieser Unternehmung, die er auf der Synode von Clermont bekanntgab, erhalten sowie viele Urkunden, die für die Männer und Frauen aufgesetzt wurden, die sich zur Teilnahme an der Kampagne meldeten. Urban rief zu einem »Befreiungs«-Krieg auf, ein Wort, das bei den Reformern der Kirche, die schon seit einem halben Jahrhundert aktiv gewesen waren, einen besonderen Widerhall fand. Er führte zwei Ziele an: die Befreiung von Menschen, das heißt, der getauften Mitglieder der Ostkirchen und vor allem der Kirche von Jerusalem, von der Herrschaft und der Tyrannei der Muslime, sowie die Befreiung eines bestimmtes Ortes, des Heiligen Grabes, der Begräbnisstätte Christi, einer Stätte, von der immer noch die Energie ausstrahlte, die im Augenblick der Auferstehung freigesetzt worden war und die innerhalb der Stadt Jerusalem lag, die als Ganzes durch das Blut Christi geweiht worden war und das Zentrum von Gottes Intervention in die Welt gebildet hatte. Man war eine Zeitlang der Ansicht, daß Urban zwar Jerusalem zum Zielort erklärte, um den Kreuzzug zu Pilgerfahrten in Beziehung zu setzen und seine Zuhörer auf diese Weise für seinen Plan einzunehmen, daß seine wirkliche Absicht aber wesentlich limitierter gewesen sei. Er habe nur die Bitte des byzantinischen Herrschers um Hilfe brüderlich erfüllen wollen, weil er hoffte, die Römische und die Griechische Kirche dadurch enger miteinander zu vereinen. Es sei seine Zuhörerschaft gewesen, die die Vorstellung von einem Kreuzzug zur Hilfe für Jerusalem – ursprünglich ein sekundäres frommes Ziel – aufgenommen und sich so darauf fixiert habe, daß die Befreiung der Stadt schon vor dem Aufbruch der Kreuzfahrer zum primären Anlaß der Unternehmung geworden sei. Chroniken und Urkunden, die im Zusammenhang mit seiner Predigt-Reise abgefaßt wurden, belegen jedoch ganz klar, daß er zwar auch das Ziel verfolgte, den Christen im Osten zur Hilfe zu kommen und die Kirchen miteinander zu vereinen, der Befreiung Jerusalems jedoch von Beginn an in seinem Denken die höchste Priorität zukam: Mit dem Namen der

Stadt allein verband sich viel zuviel, als daß ein Reformer und cluniazensischer Mönch, der Urban ja gewesen war, ihn leichtfertig in den Mund genommen hätte. Und wir wissen heute, daß Kaiser Alexios schon einige Jahre zuvor an westeuropäische Adelige geschrieben und versucht hatte, sie mit der Aussicht auf die Befreiung Jerusalems dazu zu verlocken, ihm zu Hilfe zu eilen. Die Rechtfertigung für den Kreuzzug lieferte mithin die Rückeroberung christlichen Territoriums und vor allem auch Christi eigenen Erbes, das die Muslime sich widerrechtlich angeeignet hatten. Der Appell des Papstes wurde also in einer Form vorgetragen, daß das Kriterium, der Kreuzzug müsse einer gerechten Sache dienen, erfüllt wurde.

Die Kreuzfahrer drangen zu einem Zeitpunkt in die Levante ein, als zufällig – und wahrscheinlich ohne daß es ihnen bekannt war – die maßgeblichen Persönlichkeiten sowohl von Bagdad wie auch von Kairo, den beiden nächstgelegenen Zentren islamischer Herrschaft, ums Leben gekommen waren, was zum Zerfall des Reiches der seldschukischen Sultane führte, die im Namen des Kalifen von Bagdad aus regiert hatten. Die christlichen Streiter stürmten daher durch ein Tor, das bereits aus den Angeln gehoben war. Gleichwohl waren sie und ihre Mitmenschen im Westen überzeugt, daß die Einnahme Jerusalems ein Wunder war, ein Beispiel für göttliches Eingreifen und ein Beweis dafür, daß der Kreuzzug wirklich das war, was Gott sich erwünscht hatte. Auf jeden Fall änderte sich nach diesem Triumph die Rechtfertigung für Kreuzzüge nach Palästina. Das Land, das dadurch geweiht worden war, daß Christus in ihm unter den Menschen gewandelt war, befand sich jetzt in christlicher Hand und mußte nun verteidigt werden. Papst Eugen III. hob dies 1145 mit Worten hervor, die von späteren Päpsten in ihren Bullen aufgenommen wurden.

Durch die Gnade Gottes und den Eifer eurer Väter, die sich darum bemühten, es über die Jahre hinweg zu verteidigen und das Christentum unter den Völkern der Gegend zu verbreiten, sind diese Orte bis jetzt von Christen gehalten worden, und andere Städte sind den Ungläubigen beherzt weggenommen worden. [...] Es wird als großes Zeichen für Edelmut und Redlichkeit angesehen werden, wenn diese Dinge, die durch die Bemühungen eurer Väter erlangt wurden, von euch, den Söhnen, tapfer verteidigt werden. Doch falls es, was Gott verhüte, anders kommen sollte, dann wird das deutlich machen, daß die Tapferkeit der Väter in den Söhnen geschwunden ist.

Jerusalem ging 1187 an Saladin verloren und sollte erst 1229 wieder in christlichen Besitz gelangen und dieses Mal nur bis 1244 bleiben. Selbstverständlich wurde zur Rückeroberung der Stadt aufgerufen, wenn auch die Propaganda sich vor allem darauf konzentrierte, die Notwendigkeit der Verteidigung dessen hervorzuheben, was von den europäischen Siedlungen im Heiligen Land noch übrig geblieben war. Sogar die Eroberung Ägyptens, die man 1218 und 1249 tatsächlich zu erreichen versuchte und bei anderen Gelegenheiten vorschlug, wurde als Beitrag zum Wohl des christlichen Palästina angesehen. Der Verfasser eines Berichts ließ König Johann von Jerusalem 1218 einem aus Teilnehmern am Fünften Kreuzzug bestehenden Kriegsrat die Invasion Ägyptens anraten:

[...] denn wenn wir eine diese Städte [Alexandria oder Damietta] einnehmen könnten, könnten wir nach meinem Dafürhalten dieses ganze [Heilige] Land wiedergewinnen, sofern wir willens wären, sie [eine dieser Städte] im Austausch dafür herzugeben.

Da Ägypten Teil des christlichen Römischen Reiches gewesen war, konnte seine Besetzung ebenfalls zur Wiedereroberung eines einstmals christlichen Landes erklärt und damit gerechtfertigt werden.

Von 1291 an, nach dem Verlust dessen, was noch vom christlichen Palästina geblieben war, wurde die Aufforderung, das Heilige Land zurückzuerobern, zu einer Art Refrain, den man in endloser Wiederholung anstimmte, bis die wachsende Bedrohung der Balkanländer durch die osmanischen Türken im späten vierzehnten Jahrhundert zur Folge hatte, daß die Notwendigkeit, die europäischen Stammländer selbst zu verteidigen, eine neue Legitimation für Kreuzzüge lieferte.

Kreuzzüge in Spanien

In Spanien hatte man schon lange Zeit Kriege gegen die Mauren geführt, und Papst Urban II. versuchte, die Spanier davon abzubringen, sich dem Ersten Kreuzzug anzuschließen, indem er eine Analogie zwischen der Wiedereroberung von Regionen auf der Halbinsel und der Befreiung Palästinas herstellte. In den Jahren 1100 und 1101 untersagte es sein Nachfolger, Paschalis II., den Spaniern sogar, ins Heilige Land zu ziehen, und gewährte all jenen einen Sünderlaß, die in der Heimat blieben, um vor Ort gegen die Ungläubigen zu kämpfen: Er wollte verhindern, daß ein militärischer Erfolg gegen die Mauren durch den massenhaften Aufbruch von Kriegern nach Palästina gefährdet würde. Obwohl wahrscheinlich vor 1120 nur wenige Spanier die »Reconquista« mit den Kreuzzügen gleichsetzten, wurde von 1098 an der ihnen in Aussicht gestellte Sündenerlaß oft mit jenem verglichen, der den Teilnehmern an Kreuzzügen nach Jerusalem gewährt wurde, und 1123, auf dem Ersten Laterankonzil, konnten die Bischöf sich bereits auf die Gelübde derer, die das Kreuz nahmen, um für Jerusalem oder aber für Spanien zu kämpfen, so beziehen, als ob sie identisch seien. Zur Zeit des Zweiten Kreuzzugs vermochte ein Zeitgenosse über die christlichen Streitkräfte in Spanien so zu schreiben, als ob sie einer einzigen großen Heerschar angehörten, die an verschiedenen Fronten für das Christentum kämpfte.

Spanien war einmal ein christliches Land gewesen, doch große Landstriche waren den Muslimen unterworfen, die die Gläubigen im Norden bedrohten. Die spanischen Kreuzzüge wurden, wie die in den Osten führenden, als reine Verteidigungsmaßnahmen dargestellt, obwohl gelegentlich auch behauptet wurde, daß die »Reconquista« der Schlüssel sei, der den Christen einen Weg nach Jerusalem über Nordafrika eröffnen würde. 1125 zum Beispiel führte der Erzbischof von Compostela aus, daß

> *genauso wie die Streiter Christi [...] den Weg nach Jerusalem aufschlossen, [...] wir uns zu Streitern Christi machen und, nachdem wir seine heimtückischen Feinde, die Muslime, niedergerungen haben, den Weg zum Grab des Herrn durch Spanien eröffnen sollten, welcher kürzer und viel weniger mühselig ist.*

Die spanischen Kreuzzüge bildeten schnell ganz eigene Merkmale aus. Unter Königen wie Alfons VIII. und Ferdinand III. von Kastilien sowie Jakob I. von Aragon im dreizehnten, Alfonso XI. von Kastilien im vierzehnten und Ferdinand und Isabella von Spanien im fünfzehnten Jahrhundert waren diese Unternehmungen auch unter der Kontrolle der Monarchen ausgefochtene Kriege zur nationalen Befreiung.

Kreuzzüge in Nordosteuropa

Im Jahr 1147, zu der Zeit, da die Vorbereitungen für den Zweiten Kreuzzug getroffen wurden, wollten einige deutsche Kreuzritter – in erster Linie Sachsen – nicht im Orient kämpfen, sondern gegen die Slawen auf der anderen Seite der Elbe ins Feld ziehen. Der Heilige Bernhard, der damit betraut war, die Menschen dazu zu bewegen, das Kreuz zu nehmen, stimmte ihrem Vorhaben zu, vielleicht weil er Ähnlichkeiten zwischen der Situation in Deutschland und der in Spanien entdeckte. Er scheint jedoch aus eigenem Antrieb gehandelt und Papst Eugen erst später informiert zu haben. Der Papst erklärte sich aber mit Bernhards Entscheidung einverstanden und in einer päpstlichen Bulle mit dem Titel *Divina dispensatione* wurde für den Kreuzzug in Deutschland dasselbe festgelegt, was für die Kampagnen in Spanien und in Palästina galt. Nordosteuropa war nie Teil des christlichen Reiches gewesen, und daher konnten dort durchgeführte militärische Unternehmungen nicht damit gerechtfertigt werden, daß sie nur der Rückeroberung christlicher Territorien dienten. Heute kann man sich auch nur schwer vorstellen, wie die in ihrer Entwicklung zurückgebliebenen slawischen und baltischen Volksstämme eine große Bedrohung für die Christenheit dargestellt haben sollen; überdies fingen gerade zu der fraglichen Zeit die Beziehungen zu ihnen an, sich allmählich zu bessern. Obwohl den Feldzügen der Deutschen gegen ihre Nachbarn schon seit jeher ein missionarisches Element innegewohnt hatte, achtete man darauf, die Kreuzzüge als Verteidigungsmaßnahmen zu rechtfertigen: *dilatio* und *difensio*, Expansion und Verteidigung, gingen Hand in Hand. Einen deutlichen Beleg dafür kann man in einem Schreiben finden, mit dem Papst Innozenz III. 1199 einen Kreuzzug in Livland genehmigte. Für Innozenz waren die christlichen Konvertiten in Livland von ihren immer noch heidnischen Landsleuten verfolgt. Daher müsse eine Armee »zur Verteidigung der Christen in jenen Regionen« aufgestellt werden, und Protektion von höchster Stelle wurde allen jenen versprochen, die ausrückten, »die Kirche von Livland zu verteidigen«.

Kreuzzüge gegen Schismatiker und Häretiker

Schon von frühester Zeit an war man der Überzeugung gewesen, daß der Einsatz von Gewalt gegen Häretiker gerechtfertigt sei, wenn man das Problem der Ketzerei auch als etwas ansah, das in den Verantwortungsbereich weltlicher Autorität fiel. Papst Gregor VII. und der Kirchenrechtler Gratian schufen in den achtziger Jahren des elften Jahrhunderts beziehungsweise um 1140 die Grundlagen, die es der Kirche selbst ermöglichten, solchen Einsatz von Gewalt zu genehmigen, und auf dem Dritten Laterankonzil im Jahr 1179 war man bereits nahe daran, einen Kreuzzug gegen Ketzer vorzuschlagen. Die auf diesem Konzil erlassenen Verfügungen riefen alle Gläubigen auf, um eines Sündenerlasses willen gegen die Häresie ins Feld zu ziehen und das Christentum vor ihr zu beschützen. Bei dieser Gelegenheit wurde eine solche innerhalb des eigenen Landes stattfindende Aktion als gerechte Anstrengung bezeichnet und verkündet, daß diejenigen, die sich ihr unterzogen, in der Tat einen Sündenerlaß erhalten würden – wenn auch nicht automatisch einen vollständigen – und besonderen Schutz genießen sollten – »genau wie jene, die das Heilige Grab aufsuchen«. Ein Ergebnis dieser Verfügung war ein – von der Teilnehmerzahl her kleiner – Feldzug gegen die Katharer im Languedoc unter der Führung des päpstlichen Legaten Heinrich von Marcy, der später zu einem der größten Propagandisten des Dritten Kreuzzugs werden und in zahlreichen Predigten zu ihm aufrufen sollte. Viel nachdrücklicher wurde kurz nach 1200 gegen Schismatiker vorgegangen, und zwar anläßlich des Vierten Kreuzzugs, der ursprünglich entweder nach Ägypten oder nach Palästina hätte führen sollen. Statt dessen endete er mit der Einnahme der christlichen Stadt Konstantinopel. Schon 1203, als das christliche Heer erstmals von seiner eigentlichen Route abschweifte, gab es eine Gruppe, die für eine Invasion in das byzantinische Reich plädierte, »da es nicht dem Heiligen Stuhl unterworfen ist und da der Herrscher von Konstantinopel den Kaiserthron usurpiert hat, nachdem er seinen Bruder abgesetzt und sogar geblendet hatte«. Diese Argumente zur Rechtfertigung eines Angriffs auf Konstantinopel wurden im April 1204 erneut vorgebracht, nachdem die Herrscher, die von den europäischen Befehlshabern auf den byzantinischen Thron gesetzt worden waren, bei einem *coup d'état*, zu dem es in Konstantinopel gekommen war, ermordet worden waren. Als das Heer der Kreuzfahrer sich zum letzten Ansturm auf die Stadt vorbereitete, rechtfertigten die sie begleitenden Kleriker in ihren Predigten den Angriff, und der Kern dessen, was sie sagten, wurde von zwei Augenzeugen, Gottfried von Villehardouin und Robert von Cléry, mit beinahe identischen Worten wiedergegeben. Die Kleriker

führten den Baronen und den Pilgern vor Augen, daß derjenige, der eines solchen Mordes [an den Herrschern] schuldig sei, keinerlei Recht habe, Land zu besitzen, und daß diejenigen, die eingewilligt hätten, Beihilfe bei dem Mord geleistet hätten; und, was über alles dies noch hin-

ausgehe, daß sie sich selbst dem Gehorsam gegenüber Rom entzogen hätten. ›Aus diesen Gründen tun wir euch kund‹, sagten die Männer der Kirche, ›daß der Krieg gesetzmäßig und gerecht ist und daß, wenn es eure redliche Absicht ist, dieses Land zu erobern und Rom gegenüber wieder fügsam zu machen, alle jene von euch, die sterben, nachdem sie die Beichte abgelegt haben, in den Genuß jenes Ablasses kommen werden, den der Papst ihnen zugebilligt hat.‹

Hier wurde also ein expliziter Hinweis darauf gegeben, daß dieser Kreuzzug gegen Byzanz die christlichen Kriterien für einen gerechten Krieg erfüllte. Eines der Argumente lautete, daß das politische Geschehen in Konstantinopel eine Sünde darstelle, ein Vergehen also, für das die Teilnehmer an dem Kreuzzug die Übeltäter strafen konnten; 1203 hatte Papst Innozenz den Kommentar abgegeben, daß die Dinge sich möglicherweise tatsächlich so verhielten, daß es aber nicht den Kreuzfahrern zustehe, darüber zu urteilen, und sie das Kreuz nicht genommen hätten, um eben diese Missetat zu rächen. Das andere Argument zur Rechtfertigung des Angriffs auf Konstantinopel war, wie zu erwarten, daß die Griechen Schismatiker seien, das heißt, sich von der römischen Kirche abgespalten hätten, und dieses den Tatbestand einer aktiven Rebellion erfülle: sie hätten sich »dem Gehorsam gegenüber Rom entzogen«.

Dieselbe Art der Argumentation kann man in Innozenz' Proklamation des Kreuzzugs gegen die Albigenser aus dem Jahr 1208 finden. Schon 1204 hatte der Papst an König Philipp II. von Frankreich geschrieben und ihn aufgemuntert, zu den Waffen zu greifen, um die Kirche vor den ketzerischen Katharern zu schützen, und dafür dieselbe Art von Ablaß angeboten, wie er denen gewährt worden war, die dem Heiligen Land beigestanden hatten.

Im November 1207 ging er auf die Greuel der Häresie und die Bedrohung, die diese darstellte, ein und behauptete, daß man gegen sie nur vorgehen könne wie ein Arzt, der eine Wunde mit einem Messer säubert. Nach der Ermordung seines Legaten Peter von Castelnau am 14. Januar 1208 forderte er Philipp auf, seinen Schild zum Schutze der Kirche hochzuhalten. 1215 wurde auf dem Vierten Laterankonzil wiederholt, daß diese Kreuzfahrer das Anrecht auf dieselbe Art von Ablaß hätten, wie er den Verteidigern des Heiligen Landes gewährt worden war. Ähnliche Rechtfertigungen wurden bei anderen Gelegenheiten vorgebracht, so zum Beispiel in den dreißiger Jahren des dreizehnten Jahrhunderts, als ein Kreuzzug in Norddeutschland gegen die Stedinger Bauern, die als Ketzer galten, ins Leben gerufen wurde, und dann an die siebzig Jahre später, als Papst Bonifazius VIII. dazu aufrief, das Kreuz zu nehmen und gegen seine Rivalen in Rom, die Colonnas, zu kämpfen, die seiner Darstellung nach Schismatiker waren. Kreuzzüge gegen Häretiker und Schismatiker wurden als Verteidigungsmaßnahmen angesehen, weil man glaubte, daß Häresie und Schisma aggressiv wirksame Kräfte seien, die diese Kirche bedrohten. Für Papst Innozenz III. waren Häretiker genauso bösartige Menschen wie Muslime. Sie stellten eine Gefahr für die Christenheit dar und gefährdeten, wie Hostiensis es formulierte, die Einheit der katholischen Gläubigen; die Bedrohung, die von ihnen ausgehe, war ihm zufolge größer als jene, der das Heilige Land durch die Muslime ausgesetzt sei.

Ein solches Umlenken der Heerscharen von Bußwilligen, die ursprünglich rekrutiert worden waren, um gegen externe Bedrohungen in den Kampf zu ziehen, gegen Feinde innerhalb der Christenheit selbst, war ein Novum. Bis dahin unbekannt war vor allem gewesen, daß Männer, die das Kreuz genommen hatten, um im Orient zu kämpfen, plötzlich unter Druck gesetzt wurden, ihr Gelübde umzuwandeln und statt dessen interne Polizeiaktionen durchzuführen. Doch alle heiligen Kriege scheinen, gleichgültig, um welcher Religion willen sie geführt werden, die Tendenz zu haben, sich früher oder später nach innen zu kehren und sich gegen die Mitglieder genau jener Gesellschaften zu richten, die sie ins Leben gerufen haben. Peter der Ehrwürdige (Petrus Venerabilis), der einflußreiche Abt von Cluny, war darauf vorbereitet, nachzuweisen, daß der Einsatz von Gewalt gegen Mitchristen sogar noch stärker gerechtfertigt sein konnte als das gewaltsame Vorgehen gegen Ungläubige:

Wen zu bekämpfen, ist für euch und die euren besser: den Heiden, der nicht Gott kennt, oder den Christen, der, indes er sich mit Worten zu ihm bekennt, mit seinen Taten gegen ihn kämpft? Gegen wen vorzugehen, ist besser, gegen den Menschen, der unwissend und blasphemisch ist, oder gegen den Menschen, der die Wahrheit kennt und doch streitsüchtig ist?

Dem Glauben, daß jede Aussicht auf einen Sieg draußen an den Grenzen der Christenheit durch Korruption oder Uneinigkeit daheim zunichte gemacht werden könne, so daß man nur, wenn eine Gesellschaft in moralischer Hinsicht unbefleckt war und geschlossen die wahre Religion ausübte, einen erfolgreichen Krieg für sie führen könne, wurde nach den Desastern, die 1187 die christlichen Siedlungen in Palästina ereilten, in vielen Schriften und Reden Ausdruck verliehen. Es scheint eine Beziehung zwischen Fehlschlägen im Ausland und dem Aufruf zu Kreuzzügen gegen Häresie und politische Gegner in der Heimat gegeben zu haben.

Kreuzzüge gegen säkulare Kräfte im Westen

Es ist oft die Ansicht geäußert worden – und in der Tat haben auch im dreizehnten Jahrhundert einige Personen diese Meinung bekundet –, daß die am wenigsten zu rechtfertigenden Kreuzzüge diejenigen waren, die gegen säkulare Widersacher des Papsttums in Westeuropa unternommen wurden. Doch die Wurzeln dieser Feldzüge sind im elften Jahrhundert zu finden, in der Zeit vor dem Ersten Kreuzzug, und zwar konkret in den Kriegen, die der Investiturstreit zur Folge hatte, jene Auseinandersetzung zwischen den Befürwortern einer radikalen Reform der Kirche und ihren Gegnern, und sie wurden auf die traditionelle Art und Weise gerechtfertigt: Hostiensis stellte sogar die These auf, daß es keine Unterschiede zwischen den »Unbotmäßigen« und den Schismatikern und Häretikern gebe. 1135 führte Papst Innozenz II. in Pisa den Vorsitz bei einem Konzil, auf dem verfügt wurde, daß diejenigen, die gegen die Feinde des Papstes – in diesem Fall die Normannen in Süditalien – »für die Befreiung der Kirche« fochten, in den Genuß desselben Ablasses kommen sollten, wie er den ersten Kreuzfahrern zugestanden worden war. Diese Entwicklung war nicht unumstritten, 1199 wurde jedoch von Innozenz III. ein weiterer Kreuzzug dieser neuen Art proklamiert, der sich gegen Markward von Anweiler richtete. Markward war einer der Stellvertreter von Kaiser Heinrich VI. und versuchte nach dem Tod des Kaisers, die Kontrolle über die Gemarkung Ancona zu behalten und die Regentschaft über das Königreich Sizilien an sich zu bringen. Er ging damit gegen Friedrich II. vor, den jungen Sohn Heinrichs, den Innozenz zum Regenten über das Reich eingesetzt hatte, und der Pontifex, der gerade den Vierten Kreuzzug in die Wege leitete, reagierte prompt darauf, indem er dazu aufrief, das Kreuz zu nehmen und gegen Markward in den Kampf zu ziehen, der, wie er behauptete, in der Praxis ein Verbündeter der Muslime sei:

> *Wir gestehen all jenen, die gegen die Gewalttätigkeit Markwards und seiner Männer ankämpfen wollen, denselben Sündenerlaß zu, den wir allen jenen zugestehen, die gegen die Perfidie der Muslime zur Verteidigung der östlichen Provinzen ins Feld ziehen, denn durch ihn [Markward] wird eine Unterstützung des Heiligen Landes hintertrieben.*

Der Papst proklamierte damit einen Kreuzzug zur Unterstützung eines anderen, der gerade vorbereitet wurde. Die Organisation des Feldzugs gegen Markward ging indes sehr zaudernd vonstatten – es ist nachgewiesen worden, daß es sich um eine Verzweiflungsmaßnahme handelte, zu der man griff, als alle anderen Mittel versagt hatten –, und 1203 nahm der Tod Markwards einer solchen Kampagne jede Berechtigung. Genau derselbe Gedankengang liegt jedoch dem auf dem Vierten Laterankonzil verkündeten Erlaß *Ad Liberandum* zugrunde. Diesem Erlaß zufolge mußten alle, die, während ein Kreuzzug in fremden Ländern stattfand, daheim in Europa den Frieden brachen und

> *kirchliche Mißbilligung wenig achteten, nicht ohne Grund fürchten, daß, mit Vollmacht der Kirche, weltliche Macht gegen sie eingesetzt wird, da sie nämlich die Belange des Gekreuzigten beeinträchtigen.*

Vermutlich kam auch in den Genehmigungen der Kreuzzüge von 1216/17 und 1265 gegen rebellische englische Adelige ein ganz ähnliches Denken zum Ausdruck.

Der nächste Schritt wurde von Papst Gregor IX. unternommen, aber nicht mit der Kampagne in den Jahren 1228–1230 gegen Kaiser Friedrich II., die mit Sicherheit kein Kreuzzug war und eher mit den Maßnahmen verglichen werden sollte, die im elften Jahrhundert zur Verteidigung des Papsttums unternommen worden waren, sondern mit der Unternehmung des Jahres 1240. Wieder einmal war ein Krieg ausgebrochen, und Friedrich bedrohte jetzt die Stadt Rom selbst. Gregor ließ die allerheiligsten Reliquien von allen, die Schädel der Heiligen Petrus und Paulus, öffentlich ausstellen, er verteilte Kruzifixe und rief die Bevölkerung Roms dazu auf, für die Verteidigung der Freiheit der Kirche zu den Waffen zu greifen. Sein Legat in Mailand erhielt die Erlaubnis, in Predigten zum Kreuzzug aufzurufen, damit sich in der Lombardei ein Heer formierte, und auch in Deutschland wurden solche Kreuzzugspredigten genehmigt. In einem Schreiben, das im Februar 1241 nach Ungarn abgesandt wurde, wurden die Vergünstigungen aufgelistet, die diejenigen erhalten würden, die das Kreuz auf sich nahmen; dazu gehörte wieder ein Ablaß genau derselben Art, wie er den Kreuzfahrern ins Heilige Land zugebilligt wurde, und die Erlaubnis, das Gelübde, zur Verteidigung Palästinas in den Kampf zu ziehen, umzuwandeln, das heißt, sich statt dessen zu verpflichten, gegen Friedrich ins Feld zu rücken. Der defensive Charakter des Krieges wurde betont: Gregor wies darauf hin, daß das Christentum »in solcher Gefahr« schwebe, daß eine militärische Aktion unumgänglich sei, und er nahm ausdrücklich auf die »Gelübde der Kreuzfahrer, die die Kirche gegen Friedrich verteidigten«, Bezug. Eine solche Rechtfertigung durch den Verweis auf die Notwendigkeit der Verteidigung charakterisierte in der Tat alle Aufrufe zu Kreuzzügen gegen weltliche Mächte in Europa. Zum Ziel eines neuerlichen,

1246 proklamierten Kreuzzugs gegen Friedrich beispielsweise wurde die Verteidigung des katholischen Glaubens und der Freiheit der Kirche erhoben, und zu einem Kreuzzug gegen König Peter von Aragon im Jahre 1284 wurde »um der Verteidigung des katholischen Glaubens und auch des Heiligen Landes willen« aufgerufen.

Ein Anlaß für einen Kreuzzug

Ein Kreuzzug wurde, wann auch immer er stattfand und gegen wen auch immer er sich richtete, stets als eine von ihrem Wesen her defensive Maßnahme hingestellt, die daher mit dem Prinzip der »gerechten Sache« in Einklang stand. Natürlich hat es nie die geistigen Fähigkeiten des Menschen überstiegen, plausible Entschuldigungen für seine Handlungen vorzubringen und diese in dem bestmöglichen Licht erscheinen zu lassen, indem er auf eine Bedrohung aufmerksam machte, die in Wirklichkeit gar nicht existierte; doch kann man nicht leugnen, daß das Prinzip der »gerechten Sache« bedeutende Auswirkungen auf die Bewegung hatte. Ein Papst konnte einen Kreuzzug proklamieren, doch der Erfolg der Kampagne hing, wie viele Päpste auf ihre Kosten feststellen mußten, nicht nur von dem Aufruf ab, sondern auch von der Reaktion der Gläubigen auf diesen Appell. Bei weitem nicht alle, die das Kreuz nahmen, taten dies aus altruistischen Motiven, doch die Zweifel von gewöhnlichen Menschen bereiteten Apologeten und Theoretikern wie Hostiensis Sorgen, und in einem idealistischen Zeitalter konnte kein Appell nachhaltige Wirkung haben, wenn es keine klare Rechtfertigung für die Unternehmung gab, zu der aufgerufen wurde. Die Notwendigkeit des Bestehens eines gerechten Anlasses mußte also zwangsläufig zu einem limitierenden Faktor werden: Ein Kreuzzug mußte als Reaktion auf eine Missetat präsentiert werden können, die jemand anders in der Vergangenheit verübt hatte oder gerade in der Gegenwart verübte. Das auslösende Moment mußte beim Feind liegen, und ein Kreuzzug war häufig eine schwerfällig-langsame Reaktion auf das, was die andere Seite getan hatte.

In bezug auf den Anlaß erfüllten die Kreuzzüge in mehr als ausreichendem Maße das traditionelle christliche Kriterium für die Rechtfertigung eines Einsatzes von Gewalt, weil ihnen ein ganz besonderes Merkmal zu eigen war: Sie dienten der Wiedererlangung von Eigentum oder der Verteidigung, sollten diese Ziele aber nicht für ein bestimmtes Land oder Imperium erreichen, sondern für die Christenheit im allgemeinen, für die Kirche oder für Jesus Christus selbst. Es waren nicht die Besitzungen des Byzantinischen Reiches oder des Königreiches von Jerusalem, die es zu befreien oder zurückzuerobern galt, sondern Territorien, die von Rechts wegen der Christenheit oder Christus gehörten. Es waren nicht Spanier oder Deutsche, sondern Christen, die durch Mauren oder Slawen gefährdet waren. Die Katharer bedrohten nicht so sehr Frankreich und Friedrich II. nicht so sehr das päpstliche Patrimonium, sondern die Kirche an sich. Das ist der Grund dafür, daß die Unternehmungen der Kreuzzugs-Ligen, die nach 1332 kennzeichnend für die Bewegung wurden, nicht als genuine Kreuzzüge, sondern als deren Mutationen anzusehen sind, denn die Ziele dieser Kampagnen waren den Bedürfnissen neu entstehender Staaten angepaßt. Es wurde auch nie der Anspruch erhoben, daß sie im Namen der gesamten Christenheit geführt würden, denn bei diesen Ligen handelte sich um Verteidigungsbündnisse von bestimmten an vorderster Front liegenden Mächten, die allerdings den Angehörigen ihrer Streitkräfte Privilegien einräumten, die sonst Kreuzfahrern gewährt wurden.

Um zu verstehen, welches Verhältnis zwischen konventionellen Kreuzzügen und dem Christentum an sich bestand, müssen wir die politische Philosophie mit berücksichtigen, die damals das Denken in Westeuropa dominierte. Der Terminus »Christenheit« hatte eine Vielfalt von Bedeutungen, doch in politischer Hinsicht war damit nicht nur eine Gesellschaft von Christen gemeint, sondern ein universaler Staat, die »Res publica Christiana«, die auch transzendentaler Natur war, insofern sie gleichzeitig im Himmel und auf Erden existierte. Weil sie den politischen Kontext lieferte, innerhalb dessen Männer wie Frauen ihr Potential dafür, Gott und ihre Nächsten zu lieben, vollständig entwickeln konnten, war diese christliche Republik der einzige wahre souveräne Staat. Irdische Reiche besaßen keine wirkliche politische Validität; sie waren bestenfalls weltliche Einrichtungen, die als Provinzen des – himmlischen – universellen Reiches angesehen werden konnten. Die Christliche Republik – für die Anführer des Ersten Kreuzzugs »das Königreich Christi und der Kirche« – verfügte über Besitzungen und über Staatsbürger. Jede Besitzung – wie einstmals von Christen beherrschtes Gebiet, das sich jetzt in der Hand von Andersgläubigen befand – konnte wieder ihrer Herrschaft unterstellt werden. Alles, was eine Bedrohung für ihre Untertanen darstellte, mußte, ob es nun von außen oder von innen kam, abgewehrt werden. Ein Kreuzheer war eine Streitmacht dieser Republik, die zu ihrer Verteidigung kämpfte, oder um Besitz, den sie eingebüßt hatte, für sie zurückzugewinnen. Bernhard von Clairvaux konnte argumentieren, daß die Sache, für die König Ludwig VII. von Frankreich in den Nahen Osten zog, nicht nur für ihn persönlich von Bedeutung war, »sondern für die gesamte Kirche Gottes, denn jetzt ist Eure Sache völlig eins mit der der ganzen Welt.« Ein Jahrhundert später brachte Eudes von Châteauroux in einer seiner Predigten dasselbe vor:

Doch irgendjemand sagt: ›Die Muslime haben mir überhaupt kein Leid angetan. Warum sollte ich das Kreuz nehmen gegen sie?‹ Doch wenn er recht darüber nachdächte, dann würde er begreifen, daß die Muslime jedem Christen großen Harm antun.

In den späten vierziger Jahren des zwölften Jahrhunderts, als Kreuzheere gleichzeitig an mehreren Fronten kämpften, wurden sie als verschiedene Regimenter einer einzigen großen Streitmacht angesehen. Ein deutscher Chronist schrieb:

Denjenigen, die zu dem Feldzug angeregt hatten, dünkte es recht, daß ein Teil des Heeres in die Ostgebiete entsandt werden sollte, ein anderer nach Spanien und ein dritter gegen die Slawen, die unmittelbar neben uns leben.

Der universelle christliche Staat war von seiner Form her eine Monarchie, die von Christus gegründet worden war und von ihm beherrscht wurde. Päpste, Bischöfe und Könige fungierten in dieser Welt als seine Stellvertreter. Feinde des Gemeinwesens waren auch die Feinde seines Königs. Zur Zeit des Ersten Kreuzzugs bezeichnete man die Muslime im Vorderen Orient als »Feinde Gottes«, und in einem Bericht über die Predigt, die Urban II. gehalten hatte, ließ der Verfasser den Papst sagen: »Nicht Ich bin es, der euch ermutigt, es ist der HERR [...]. Zu den Anwesenden spreche Ich, den Abwesenden befehle

Ich, doch Christus herrscht.« Wahrscheinlich feierte er die Kreuzfahrer als »Streiter Christi«, sie nannten sich selbst in Schriften »die Heerschar des Herrn«. Für Innozenz III. war der Kreuzzug ein Unterfangen Christi selbst, und diejenigen, die den Muslimen beistanden, handelten nach seinem Dafürhalten »gegen die Interessen Christi und der christlichen Menschen.«

Aufgrund der besonderen Art seines Anlasses und seiner Assoziation mit einer politischen Ordnung, die von Christus persönlich zum Wohle der Menschheit geschaffen worden war, war ein Kreuzzug nicht nur eine gerechtfertigte, sondern auch eine heilige Unternehmung. Das Kreuz zu nehmen, war daher viel mehr als die Erfüllung einer patriotischen Pflicht. Es war ein religiöses Gebot, und ein Laie war in besonderem Maße qualifiziert dafür, es auszuführen. Der große Prediger Jakob von Vitry legte dar, daß es einem Christen obliege, einen Kreuzzug zu unternehmen, so wie ein Vasall zum Waffendienst verpflichtet sei:

Wenn ein Herr vom Verlust seines Besitzes betroffen wird, dann verlangt es ihn, seine Freunde zu erproben und herauszufinden, ob seine Vasallen treu zu ihm stehen. Wer immer ein Gut von einem Herren zum Lehen erhalten hat, dem wird dieses zu Recht weggenommen, falls er ihn [den Herren] im Stich läßt, wenn dieser im Kampf liegt und sein ererbtes Gut verliert. Du hast deinen Körper und deine Seele und was immer du besitzt von dem Allerhöchsten Herrscher zum Lehen erhalten, und wenn du auch nicht durch Feudalrecht an ihn gebunden bist, so bietet er dir doch so viele und so gute Dinge, die Erlassung aller Sünden, was auch immer deine Strafe oder Schuld gewesen sein mag, und vor allem ewiges Leben, daß du sofort zu ihm eilen solltest.

Ein Kreuzzug stand also mit dem für einen christlichen Krieg geltenden Prinzip im Einklang, daß dieser vor allem der Zurückgewinnung verlorengegangener Ländereien und der Verteidigung dienen sollte. Sein Anlaß jedoch stand auch in Beziehung zur Kirche, zum Christentum, das als eine politische Entität gesehen wurde, und zu Christus, dem Monarchen des universellen christlichen Staates. Es überrascht nicht, daß die Teilnehmer an einer solchen Kampagne sich als Menschen betrachteten, die ihre Pflicht gegenüber Christus erfüllten, so wie sie unter anderen Umständen vielleicht ihre Pflicht gegenüber einem weltlichen Herrn oder König erfüllt hätten.

Rechtmäßige Autorität

Die päpstliche Bevollmächtigung

Christen sind mit dem Problem konfrontiert, die an jeden einzelnen gestellte Forderung, seinen Nächsten zu lieben, mit der offenkundigen Notwendigkeit in Einklang zu bringen, in einer sündigen Welt zu Mitteln der Gewalt zu greifen. Die Lösung, die der Heilige Augustinus fand, erwies sich als generell annehmbar: Zu seinem eigenen Vorteil, als Privatmann gewissermaßen, sollte niemand jemals einen anderen Menschen töten, auch nicht um sich zu verteidigen; gerechtfertigt sei eine solche Tat aber unter Umständen, wenn damit eine Aufgabe für die Allgemeinheit erfüllt werde. Wenn man dies akzeptiert, folgt daraus, daß ein Krieg von einer öffentlichen Autorität legitimiert werden muß, von einem Herrscher, dessen Befugnisse nach gängigem Dafürhalten auch das Recht einschließen, einen solchen zu autorisieren. Ein Unterschied zwischen Kreuzzügen und anderen heiligen Kriegen bestand darin, daß der Herrscher, der diese militärischen Aktionen für rechtens erklärte, kein Kaiser oder König war, sondern das Oberhaupt der Kirche, der Papst, welcher erklärte, im Namen Christi zu handeln. Die Tatsache, daß die Initiative beim Papst lag, machte auch die Privilegien möglich, in deren Genuß die Kreuzfahrer kamen, insbesondere das Privileg des Ablasses, das von keinem anderen als dem Pontifex gewährt werden konnte.

Vier Päpste haben die Grundsteine für die Art und Weise gelegt, in der Heere von Kreuzfahrern in Bewegung gesetzt wurden. Urban II. hat den Präzedenzfall geschaffen, als er zum Ersten Kreuzzug aufrief. Calixtus II. hat möglicherweise die erste Bulle veröffentlicht, mit der zu einem Kreuzzug aufgefordert wurde, mit Gewißheit war er es, der die Strategie, gleichzeitig an zwei Kriegsschauplätzen zu kämpfen, formell einführte. Eugen III. verfügte, daß eine Bevollmächtigung durch den Papst vonnöten war. Innozenz III. legte die Form des Ablasses, wie sie sich bis dahin bereits ungeregelt entwickelt hatte, offiziell fest. Was auch immer der Beitrag von Papst Gregor VII., der zehn Jahre vor Beginn des Ersten Kreuzzugs gestorben war, zur zugrundeliegenden Theorie gewesen sein mag, die Initiative, die Urban im Anschluß an den Appell der byzantinischen Gesandtschaft bei der Synode von Piacenza ergriff, war seine eigene. In jüngerer Zeit hat es die Tendenz gegeben, dem Wanderprediger Peter dem Einsiedler die Idee zu dem Ersten Kreuzzug zuzuschreiben, doch war die Mehrheit der damals lebenden Menschen nicht der Ansicht, daß er der Initiator dieser Kampagne war. Der Papst war, wie ein Zeitzeuge es formulierte, der »Haupturheber der Unternehmung« und sah sie als seine ureigene Sache an. »Wir haben unseren innigst geliebten Sohn, Adhémar, Bischof von Puy, eingesetzt, daß er diesen Pilgerzug und dieses mühevolle Unterfangen an unserer Stelle leite.« Daß man anerkannte, unter der Führung des Papstes zu stehen, kam in einem Brief der Anführer des Kreuzheeres an Urban vom September 1098 besonders deutlich zum Ausdruck. Sie setzten ihn vom Tod Adhémars in Kenntnis, »welchen Ihr uns als Euren Stellvertreter gabet«, und schrieben dann weiter:

Jetzt bitten wir Euch, unseren geistigen Vater, der diese Fahrt in Gang setzte und uns durch seine Predigten veranlaßte, unsere Heimatländer zu verlassen […], sich zu uns zu begeben und, wen auch immer Ihr vermögt, dazu aufzurufen, mit Euch zu kommen […]

Was könne denn besser sein, als daß

> *Ihr, der Ihr der Vater und das Oberhaupt der christlichen Religion seid, herbeieilt [...] und höchstselbst den Krieg beendet, welcher der Eure ist [...]. Wenn Ihr tatsächlich zu uns stoßt und mit uns die durch Euch veranlaßte Fahrt zu einem Abschluß bringt, wird die ganze Welt Euch gehorsam sein.*

Die Erfahrungen, die die Teilnehmer an dem Kreuzzug auf ihrem Marsch machten, und ihr Erfolg, der angesichts der Umstände, daß es keinen Oberbefehlshaber gab, daß es an Versorgungsgütern mangelte und daß sie ihre Pferde einbüßten, verwunderlich ist, überzeugte sie selbst und ihre Zeitgenossen davon, daß sie wirklich für Christus ins Feld gezogen waren und die Hand Gottes ihnen – physischen – Beistand geleistet hatte. In den Siedlungen, die sie in der Levante begründeten, blieb die Lage jedoch prekär. Eine Katastrophe, die 1119 über die Christen im nördlichen Syrien hereinbrach, veranlaßte Papst Calixtus II. – dessen drei Brüder auf Kreuzzug gegangen waren – dazu, die erste einen Kreuzzug betreffende Bulle zu veröffentlichen.

Das Schriftstück ist nicht erhalten, doch einer der Briefe, in denen Calixtus auf die Ereignisse auf dem Kriegsschauplatz in Spanien eingeht, ist überliefert, und im Frühjahr 1123 wurde auf dem Ersten Laterankonzil unter Bezugnahme auf das Engagement in Spanien wie auch im Orient über den von ihm veranlaßten Kreuzzug diskutiert. Die Unternehmung führte zu der Einnahme der Hafenstadt Tyros in Palästina im Jahr 1124 und zu dem berühmten Einfall von Alfons I. von Aragon in Südspanien im Winter 1125/26.

Zwei Jahrzehnte später aber, am Heiligen Abend des Jahres 1144, drangen die Muslime in die Stadt Edessa ein, den Hauptort des ersten christlichen Siedlungsgebiets, das im Zusammenhang mit dem Ersten Kreuzzug entstanden war. Die Nachrichten von diesem Unglück, dem ersten wirklichen Rückschlag, den die Christen im Orient einstecken mußten, lösten im Westen große Unruhe aus, doch was dann geschah, ist immer noch recht mysteriös. Am 1. Dezember 1145 veröffentlichte Papst Eugen III. seine Bulle *Quantum praedecessores;* diese war zwar an König Ludwig VII. und die Adeligen Frankreichs adressiert, doch es gibt keinen Hinweis darauf, daß der Text dort öffentlich verlautbart wurde. Ludwig plante bereits, einen französischen Heereszug zum Heiligen Grab anzuführen. Es ist möglich, daß der Papst *Quantum praedecessores* abfaßte, weil er von diesem Vorhaben erfahren hatte, denn Ludwig scheint nicht daran gedacht zu haben, um päpstliche Autorisation nachzusuchen. Als er seinen Plan Weihnachten 1145 den an seinem Hof in Bourges Versammelten bekanntgab, fand dieser keine sonderlich begeisterte Aufnahme, und Ludwigs oberster Berater Suger von Saint Denis sprach sich sogar gegen das Unternehmen aus. Der König verschob eine endgültige Entscheidung darüber bis zum nachfolgenden Osterfest und holte in der Zwischenzeit die Meinung des Heiligen Bernhard ein. Dieser erklärte, daß er nichts derartiges in Betracht ziehen würde, ohne sich vorher mit dem Papst beraten zu haben. Das bewirkte, daß *Quantum praedecessores* am 1. März 1146 erneut veröffentlicht wurde, mit einer leichten Abänderung des Textes, die uns hier aber nicht zu interessieren braucht.

Die Geschichte der Veröffentlichung von *Quantum praedecessores* verdeutlicht zwei Dinge. Erstens zeigt sie, daß die Initiative nicht immer vom Papst ausging: Ludwig VII. war nur einer von mehreren Anführern von größeren oder kleineren Heeren – der berühmteste von ihnen sollte sein Urenkel Ludwig IX. werden –, die, ohne von Rom dazu angeregt worden zu sein, zu einem Kreuzzug aufbrachen. Zweitens wird deutlich, daß, gleichgültig wer für den ersten Schritt verantwortlich war, eine anschließende Autorisation durch den Papst für wesentlich erachtet wurde. Nicht nur die großen Heere, sondern auch die kleinen Scharen, die, nach 1250 mit zunehmender Häufigkeit, durch päpstliche Appelle motiviert und durch päpstliche Privilegien gestärkt aufbrachen, waren durch Verfügungen des Papstes dazu autorisiert worden. Auf den ersten Blick scheinen einige Kreuzzüge gegen Häretiker – beziehungsweise die Art und Weise, in der die Kanoniker diese Unternehmungen behandelten – und die Kampagnen der Ritter des Deutschen Ordens im Baltikum Ausnahmen darzustellen. Die Kirchenrechtler argumentierten, daß das Vierte Laterankonzil im Jahr 1213 den Fürsten schon eine Generalbevollmächtigung erteilt habe, Krieg gegen Ketzer zu führen, und daher kein besonderes päpstliches Edikt mehr dazu nötig sei. Es muß jedoch noch einmal betont werden, daß sie zu diesem Schluß kamen, weil sie der Ansicht waren, daß bereits eine Bevollmächtigung durch den Papst gewährt worden sei. Das trifft auch auf die Aktionen der Deutschritter zu. 1245 gewährte Papst Innozenz IV. allen jenen, die gemeinsam mit ihnen in Preußen in den Kampf gegen die Heiden zogen, vollständigen Ablaß, wobei nicht bekannt ist, ob er damit auf ein besonderes Gesuch reagierte oder nicht. In jedem Fall wurde dadurch das begründet, was man »den ewigen Kreuzzug« nannte. Im Laufe des vierzehnten Jahrhunderts nahmen Hunderte von europäischen Adeligen und Rittern an ihm teil und rückten im Sommer wie im Winter gegen die heidnischen Litauer ins Feld. Es war – wie wir noch sehen werden – ein Krieg, der durch eine ausgefeilte Inszenierung, eine chevalereske »Aufmachung« geschönt wurde. Auch in diesem Fall gründete seine Legitimität auf einer vom Papst zu Beginn erteilten Bevollmächtigung.

Diese Ausnahmen bestätigten also die Regel. 1145 wurde in *Quantum praedecessores* selbst daran erinnert, wie Urban

> *wie eine himmlische Trompete schallend, Söhne der Heiligen Römischen Kirche aus verschiedenen Teilen der Welt aufrief, die Ostkirche zu befreien.*

Weiter hieß es:

> *Und so mahnen wir alle von euch im Namen des Herrn, bitten und befehlen es und tragen es euch gegen den Erlaß eurer Sünden auf, daß diejenigen, die auf der Seite Gottes stehen, und vor allem die Mächtigeren unter euch und die Adeligen, sich energisch rüsten, um gegen die Masse der Ungläubigen anzurücken.*

Diese Bulle kann natürlich nach dem Vorbild der nicht erhaltenen von Papst Calixtus II. abgefaßt worden sein, in jedem Fall gab sie die Form vor, in der Kreuzzüge von da an proklamiert wurden. Die Art, in der diese Erlasse abgefaßt waren, entwickelte sich im Laufe der Zeit – der Stil wurde blumiger und gleichzeitig kompakter – und sie sind gute Belege dafür, wie der Kreuzzugsgedanke sich weiter verbreitete und durchsetzte, im großen und ganzen folgten sie aber dem durch *Quantum praedecessores* vorgegebenen Muster. Sie waren säuberlich in einzelne Abschnitte unterteilt; zunächst wurden die Umstände, die einen neuen Kreuzzug notwendig machten, dargelegt; dann erging der Aufruf, das Kreuz zu nehmen, und schließlich wurden die Privilegien aufgelistet, die alle, die an der Unternehmung teilnahmen oder sie unterstützten, erhalten würden. Die eindrucksvollsten Dokumente dieser Art waren die Bullen, die während des Pontifikats von Innozenz III. veröffentlicht wurden. *Post miserabile* (1198), *Ne nos ejus* (1208) und *Quia major* wie auch die große, auf dem Vierten Laterankonzil verabschiedete Erklärung *Ad Liberandum* (1215) bestechen durch eine brillante Sprache und prägnante Bilder. Und in diesen Texten wird praktisch mit jedem Wort die Autorität des Papstes klar und deutlich zum Ausdruck gebracht:

> *Jenen aber, die es ablehnen, teilzunehmen, so es denn tatsächlich Menschen geben sollte, die Gott unserem Herrn gegenüber so undankbar sind, tun wir im Namen des Apostels [Petrus] mit Nachdruck kund, daß sie wissen sollten, daß sie uns wegen dieser Angelegenheit in Gegenwart des furchtgebietenden Richters am letzten Tag des Strengen Gerichts Rede und Antwort stehen müssen.*

Wir werden aber noch sehen, daß die Päpste keineswegs eine solche Macht besaßen, wie sie vorgaben, wenn es darum ging, den Kurs eines Kreuzzugs festzulegen.

Es ist ein Merkmal des Christentums, daß es zwar lehrt, daß der Mensch Gott für alle seine Handlungen Rechenschaft ablegen muß und diese Handlungen nach einer objektiven Werteskala beurteilt werden, die in Gottes Geboten verkörpert ist, daß es aber die Funktionen von Regierenden in dieser Welt sorgfältig in solche unterscheidet, die den spirituellen, und solche, die den säkularen Bereich betreffen. Auf diese Trennung der Funktionen stößt man schon sehr früh, wenn es auch Perioden gegeben hat, in denen die Grenzlinie zwischen ihnen sehr verschwommen war oder in denen eine Institution – das spätrömische Kaisertum, das Papsttum des dreizehnten

Jahrhunderts, das anglikanische Königtum – den Anspruch erhoben hat, diese Grenze zu transzendieren. Trotz und paradoxerweise auch aufgrund der von den Päpsten erhobenen Ansprüche wurde die Scheidung der weltlichen und der geistlichen Sphären der Aktivität zu keiner Zeit stärker betont als während des Hochmittelalters.

Wenn es eine säkulare Handlung gibt, dann ist es die, andere zu bekriegen, und es ist nur natürlich, daß in der Geschichte der Christenheit das Führen eines Krieges oder die gewaltsame Unterdrückung von Ketzerei als die Pflichten des jeweiligen Kaisers oder Königs angesehen worden sind. Wie konnte aber unter dieser Voraussetzung ein Mann der Kirche wie der Papst ein so weltliches Unterfangen wie einen Feldzug genehmigen? Wir werden nie begreifen, welche Rolle den Päpsten in der Kreuzzugsbewegung zukam, wenn wir uns nicht erst das Paradox zu erklären versuchen, daß die Päpste einerseits darauf beharrten, die Kirche müsse, von der Kontrolle durch weltliche Herrscher befreit, ihre eigenen Angelegenheiten betreiben, und andererseits den Anspruch erhoben, als die am meisten Verantwortung tragenden Diener Christi im irdischen Teil der christlichen Republik auch mit Bezug auf weltliche Dinge in seinem Namen ein gewisses Maß an Autorität ausüben zu können.

Diese in sich widersprüchlichen Forderungen waren mit besonders großem Nachdruck während des Investiturstreits erhoben worden, der als Disput über die Ordnung der Kirche und ihre Reform begonnen hatte, aber rasch eskaliert war, so daß Papst Gregor VII. den deutschen König Heinrich IV. zunächst 1076 für vorübergehend und dann 1080 für definitiv abgesetzt erklärt hatte. Mit dem Versuch, einen Mann seines unbestreitbar säkularen Amtes zu entheben, hatte der Papst die Trennungslinie zwischen geistlicher und weltlicher Rechtsprechung überschritten. Es trifft zu, daß in der Vergangenheit Päpste den Anspruch erhoben hatten, eine höhere Position zu bekleiden als die Kaiser, dieses jedoch, weil das kaiserliche Amt in Europa auf einer Krönungszeremonie gründete, die der damalige Papst erstmals am Weihnachtstag des Jahres 800 vorgenommen hatte, und die Inhaber dieses Amtes Pflichten hatten, die die Interpretation zuließen, daß sie lediglich Handlungsbevollmächtigte der Kirche seien. Ganz anders verhielt es sich aber mit dem europäischen Königtum, das sich nach dem Zerfall des Römischen Reiches ausgebildet hatte, dem Papsttum wenig verdankte und immer als ein separates, ebenfalls für Gott ausgeübtes Amt angesehen worden war. Es gab überdies keine wirklichen Präzedenzfälle für das Eingreifen eines Kirchenoberhaupts in die Ausübung königlicher Herrschaft, wenn man von Papst Zacharias' fragwürdiger Genehmigung der Amtsenthebung des Frankenkönigs Childerich um die Mitte des achten Jahrhunderts absieht. Gregors VII. Absetzung von Heinrich IV. war ein extremer Akt, von dem man sagen könnte, daß er der Entwicklung päpstlicher Theorien, ihre Position in der Welt betreffend, vorgriff; er war der Epoche zu weit voraus, als daß er von den Menschen damals hätte richtig begriffen und gewürdigt werden können, und zu seiner Zeit ein Fehlschlag, da Gregor von den Soldaten Heinrichs aus Rom vertrieben wurde und im Exil starb. Ihm folgte Viktor III. nach und anschließend, im Jahr 1088, Urban II., der seinerseits ein überzeugter »Gregorianer« war.

Der Konflikt mit dem deutschen König war mit dem Tod Gregors nicht beigelegt, und als Urban sein Pontifikat antrat, wurde er nur von wenigen deutschen Bischöfen anerkannt. Ein großer Teil Deutschlands sowie Nord- und Mittelitaliens wurden von dem von Heinrich eingesetzten Gegenpapst, Clemens III., kontrolliert. Urban ging daran, seine Position im Westen zu stärken und sich auch Unterstützung von Byzanz zu verschaffen. Von 1094 an begann der deutsche König, in Italien an Boden zu verlieren, und 1095, als der Papst nach dem Konzil von Piacenza nach Frankreich reiste, schloß sich Heinrichs Sohn Konrad, der gegen seinen Vater rebelliert hatte, in Cremona dem Papst als dessen Vasall an. Vor diesem Hintergrund hatte Urbans Aufruf zum Ersten Kreuzzug auch politische Bedeutung. Es war ein wichtiger Schritt im Investiturstreit, denn als er die Streiter Christi dazu aufrief, christliches Territorium zurückzuerobern, übernahm er, bewußt oder unbewußt, die Funktion des Kaisers, nämlich die Verteidigung der Christlichen Republik zu einer Zeit zu organisieren, da er sich weigerte, Heinrich als Kaiser anzuerkennen. Gregor VII. hatte einen König abgesetzt; Urban II. übernahm die allerwichtigste Aufgabe eines weltlichen Herrschers. Mit diesen Maßnahmen begannen die Päpste, eine besondere Stellung an der Spitze beider Zuständigkeitsbereiche – also auch des säkularen – einzunehmen.

Es dauerte einige Zeit, bis politische Denker wie Kirchenrechtler die Ideen erkannten und begriffen, die mit der Absetzung Heinrichs IV. und dem Aufruf zum Ersten Kreuzzug zum Ausdruck gebracht worden waren, doch deuteten diese Vorstellungen schon auf die Begründung dessen voraus, was später Päpstliche Monarchie genannt worden ist. Vom frühen dreizehnten Jahrhundert an erhob der Papst den Anspruch, der Stellvertreter Christi zu sein, ein ganz besonderer Repräsentant Gottes, dem kein anderer weltlicher Herrscher gleichkam, der für alle Angelegenheiten zuständige Richter, ausgestattet mit einem gewaltigen Reichtum an Macht, der eine Mittlerposition zwischen Gott und den beiden Hierarchien von kirchlichen und weltlichen Dienern innehatte. Doch sogar als sich die Theorie, auf die sich dies stützte, vollständig entwickelt hatte, besaß der Papst keineswegs die absolute Macht. Erstens wurde der kooperative Charakter des Verhältnisses zwischen der päpstlichen und der weltlichen Autorität immer noch anerkannt: Könige besaßen ihren eigenen Anteil an der Regierung ihrer Länder, sie hielten ihr Amt für Gott inne, und in ihre Ausübung dieses Amtes konnte der Papst normalerweise nicht eingreifen. Sein Gerichtshof blieb der, an dem man einen Appell an eine letzte und höchste Instanz richten konnte, die man aber nur dann anrief, wenn alle anderen Mittel erschöpft waren. Zweitens konnten säkulare Herrscher immer auf eine Art und Weise aktiv werden, in der Päpste es unter Umständen nicht konnten. Die juristischen Verfahren an den päpstlichen Gerichtshöfen, die ihren Entscheidungen natürlich das Kirchenrecht zugrundelegten, waren nicht zur Regelung von Streitfällen geeignet, die das weltliche Recht betrafen, und dies wurde auch niemals behauptet. Drittens besaßen die Päpste kein wirkliches Mittel, um die Vollstreckung säkularer Gerichtsentscheide durchzusetzen, selbst wenn das in ihrer Absicht gelegen hätte, weil sie über kein wirksames Mittel verfügten, säkulare Urteile zu verhängen. Das wird ganz deutlich, wenn man ihre sehr reale Regierung der Kirche mit ihrer nur schattenhaften Regierung der Welt vergleicht. Wenn es ein markantes Merkmal des Papsttums im Hochmittelalter gibt, dann ist es die Art und Weise, wie es sich die Kontrolle über den Verwaltungsapparat der Kirche verschaffte und diesen Apparat weiter ausbaute. Jene Epoche erlebte eine umfassende Weiterentwicklung der kirchlichen Regierungsmaschinerie und die Unterordnung von allen und allem – von Funktionären und Gerichtshöfen, aber auch der kanonischen Rechtssprechung – unter den Willen Roms, wenn diese auch in der Praxis nie so uneingeschränkt war, wie ein Blick auf die Struktur es zu suggerieren scheint. Wenn wir uns aber der Beziehung des Papstes zur Welt zuwenden, entdecken wir keine solche Maschinerie. Ein Papst wie Innozenz IV. konnte einen unbotmäßigen Herrscher wie Friedrich II. mit einem feierlich-ernsten Akt für abgesetzt erklären, er konnte aber seine Entscheidung in der Praxis nur verwirklichen, indem er auf den Kirchenapparat zurückgriff und vielleicht allen Anhängern von Friedrich eine Sanktion wie zum Beispiel Exkommunikation androhte. Oder er konnte einen Kreuzzug gegen ihn ins Leben rufen.

Es überrascht nicht, daß das Papsttum nach Mitteln Ausschau hielt, mit denen die säkulare Welt, die so losgelöst von ihm war, seinen eigenen Regierungsmethoden unterworfen werden konnte. Ein Beispiel dafür liefert das Dekretale *Novit* von Innozenz III., welches das Eingreifen des Papstes in säkulare Angelegenheiten *ratione peccati*, aufgrund der Sünde, die bei ihnen im Spiel gewesen war, rechtfertigte. Es ist oft darauf hingewiesen worden, daß dieses Dekretale, da Sünde potentiell bei nahezu jeder menschlichen Handlung im Spiel ist, dem Papst mehr oder weniger einen Freibrief verlieh, wann auch immer der Sinn ihm danach stand, in welchem Fall auch immer, zu intervenieren. Weit wichtiger aber – sie sollten in der Tat später zu Auslegungsproblemen führen – waren die juristischen Konsequenzen, die sich daraus ergaben, daß ein Fall *ratione peccati* der Rechtssprechung des Papstes unterstellt wurde. Da er jetzt zu einer moralischen Angelegenheit geworden war, wurde er den normalen Verfahren kirchlicher Rechtsfindung und Rechtsprechung unterworfen; mit anderen Worten: Eine weltliche Angelegenheit war in rechtlicher Hinsicht zu einer spirituellen geworden und war in einen Bereich übergegangen, in dem der Papst befugt war, tätig zu werden. Ein Kreuzzug war nur ein anderes Beispiel für denselben Ansatz, das heißt die Überführung von etwas Weltlichem in den geistigen Bereich. Ein Kreuzfahrer war ein Soldat, aber einer von einer besonderen Art, denn er hatte ein Gelübde abgelegt, *ipso facto* eine spirituelle Angelegenheit, was dazu führte, daß er den Status eines Pilgers hatte, was ihn folglich, wie einen Pilger, vorübergehend zu einem Mann der Kirche machte, der den Gerichten der Kirche unterstand. Das Kreuzzuggelübde hatte daher eine Bedeutung, die zu Beginn des zwölften Jahrhunderts mit Sicherheit allen bewußt war, wie die zahlreichen Erwähnungen des Rechts von Kreuzfahrern, sich vor kirchlichen Gerichten zu verteidigen, zeigen. Natürlich willigten weltliche Gerichte nur sehr widerstrebend in eine Reduktion ihrer juristischen Befugnisse ein, und man kam schließlich überein, daß Kreuzfahrer sich weiterhin vor ihnen zu verantworten hatten, was Lehnsverträge, Erbfälle und schwerwiegendere Verbrechen anbelangte. Doch das Prinzip wurde akzeptiert, und der Kreuzfahrer wurde, auch wenn er einer weltlichen Aktivität nachging, in das System inkorporiert, in dem päpstliche Macht uneingeschränkt Geltung besaß. Durch die Einführung des Gelübdes und dadurch, daß er dem Teilnehmer an einem Kreuzzug den Status eines Pilgers gewährte, hatte Urban II. die Bedingungen geschaffen, unter denen ein Papst die Oberherrschaft über einen Kreuzzug innehaben und die existierende Regierungsmaschinerie der Kirche auf ihn anwenden konnte.

Die Sache hatte aber noch einen anderen Aspekt, denn alles, einschließlich der Unterstellung der Kreuzfahrer unter die Kontrolle des kirchlichen Apparats, hing davon ab, daß das Kreuz wirklich genommen wurde. Wenn ein Papst einen Kreuzzug proklamierte, dann war das nicht mehr als eine Aufforderung an die Gläubigen, ein Gelübde abzulegen, das von seinem Wesen her ein freiwillig geleistetes war. Das Kirchenoberhaupt konnte den Gläubigen mit dem Fegefeuer drohen, doch er konnte sie nicht dazu zwingen, das Gelübde wirklich abzulegen, oder sie bestrafen, wenn sie es nicht taten. Ohne ihre Kooperation konnte er nichts erreichen. Es war daher mehr als ein Papst nötig, damit ein Kreuzzug zustande kam. Wenn kein weltlicher Herrscher die Initiative ergriff, mußte es zu einer hinreichenden Reaktion auf den Appell eines Pontifex kommen. Es gab Perioden, vor allem die von 1150 bis 1187, bevor die Vernichtung des christlichen Heeres in der Schlacht von Hattin und der Fall der Stadt Jerusalem den Westen endlich aufrüttelten, während derer die Päpste und die Anführer der Christen im Osten immer wieder mit nur geringem Erfolg versuchten, Teilnehmer für einen Kreuzzug zur Befreiung Palästinas zu gewinnen. Die Schwierigkeiten, auf die einige Päpste bei ihren Bemühungen stießen, einen Kreuzzug in Bewegung zu setzen, waren in der Tat entmutigend. Damit man den größtmöglichen Nutzen aus der wie auch immer gearteten Reaktion ziehen konnte, die sie mit ihren Appellen auslösen mochten, mußte man vor allem für eines sorgen: daß in ganz Europa Friede herrschte. Es galt aber auch, Mittelsmänner zu finden, die den Appell öffentlich bekannt machten und die Anwerbung von Teilnehmern an dem Kreuzzug organisierten, und man mußte – was im Laufe der Zeit immer wichtiger wurde – das Geld finden, um das Unternehmen zu finanzieren.

Friede in der christlichen Welt

Eine lange Tradition brachte die Christliche Republik mit Frieden in Zusammenhang. Für den Heiligen Augustinus, auf dessen Schriften die Idee eines universellen christlichen Staates – in recht unpräziser Weise – gründete, war der in ihm herrschende Friede ein Kennzeichen des wahren Staates, der *civitas dei*. Man war der Meinung, daß ein Kreuzzug ein Werkzeug des Friedens sei. Es war ein eng mit der Bewegung »Waffenruhe Gottes« assoziiertes Mittel, mit dem man die Kampfeslust französischer Ritter in fremden Ländern in die richtigen Bahnen zu lenken versuchte. Angesichts der Gewalttätigkeiten, die ausbrachen, sobald die großen Persönlichkeiten unter den Kreuzfahrern die von ihnen kontrollierten Gegenden wieder verließen, scheint es heute eher denkbar, daß die »Waffenruhe-Gottes«-Bewegung zur Zeit des Ersten Kreuzzug wiederbelebt wurde, damit man eine Unordnung in den Griff bekommen konnte, die unvermeidlich war und deren Ausbrechen sich vorhersehen ließ. Auf der anderen Seite glaubte man, daß Friede in Europa und die Einheit der Christenheit wesentliche Voraussetzungen für einen Erfolg gegen die Andersgläubigen im Ausland waren, und Forderungen nach Waffenstillstand und Einheit findet man immer wieder – oft mit gutem Grund – in päpstlichen Bullen. Die andauernde Rivalität zwischen den Königen von Frankreich und England verhinderte mit Sicherheit, daß in den siebziger und achtziger Jahren des zwölften Jahrhunderts ein Kreuzzug zustandekam. Von 1187 an wurde regelmäßig behauptet, daß der Erfolg eines solchen Unternehmens auch von einer Reform der Kirche abhänge. Die Aufrufe zu einer solchen Reform erreichten während des Pontifikats von Innozenz III. einen Höhepunkt. Für ihn war die Uneinigkeit der Christenheit ein beschämendes Skandalon, und nach dem Jahr 1204 war er der Überzeugung, daß die Rückeroberung Jerusalems von einer Reform der nun durch die Einnahme Konstantinopels wieder geeinten Kirche abhänge. In der Tat verhielt es sich so, daß – vom Vierten

Laterankonzil im frühen dreizehnten Jahrhundert bis zum Konzil von Trient, das Mitte des sechzehnten Jahrhunderts stattfand – diese Generalversammlungen der Kirche offiziell mit der Begründung einberufen wurden, daß kein Kreuzzug ohne eine Reform der Kirche und der Christenheit viel zu bewirken vermöge. Innozenz hatte genauso starke Empfindungen, was politische Zerstrittenheit betraf, predigte, wie wir schon gesehen haben, sogar einen Kreuzzug gegen Markward von Anweiler, weil dieser das Zustandekommen eines Kreuzzugs verhindert hatte, und drohte anderen Missetätern ein ähnliches Los an. In der Präambel zu der Bulle von 1198, mit der der Vierte Kreuzzug proklamiert wurde, verlieh er mit einer Stimme, wie man sie seit den Tagen des Heiligen Bernhard nicht mehr gehört hatte, seiner tiefen Empörung Ausdruck:

Wahrlich, [...] indes unsere Fürsten einander mit unversöhnlichem Haß verfolgen, indes jeder danach strebt, sich für ihm von dem anderen angetanes Unrecht zu rächen, gibt es niemanden, der durch das Unrecht berührt wird, das der Gekreuzigte erlitten hat. [...] Schon beginnen unsere Feinde, uns zu schmähen, indem sie fragen: Wo ist denn euer Gott, der weder sich selbst noch euch aus unseren Händen zu befreien vermag?

Die Aufrufe der Päpste zu Frieden und Einigkeit waren nie von besonderem Erfolg gekrönt, und die Tatsache, daß man mit Hilfe der Kreuzzüge das Heilige Land letztendlich nicht für die Christenheit zu halten vermochte, ist partiell auf die im ausgehenden dreizehnten Jahrhundert zunehmende Abneigung der – zutiefst mit ihren eigenen Zwistigkeiten beschäftigten – europäischen Mächte zurückgeführt worden, Beistand zu leisten. Das ist zwar eine Übertreibung der tatsächlichen Situation, es ist jedoch offensichtlich, daß von ungefähr 1280 an die Inhaber des Papstamtes anfingen, die Vergeblichkeit ihres Bemühens zu erkennen, einen großen Feldzug zu einer Zeit zu organisieren, da das Denken der europäischen Monarchen von anderen Dingen beherrscht war.

Die Kreuzzugspredigten

Keine Proklamation eines Papstes im Anschluß an die erste, von Seiten Urbans II. ergangene, reichte für sich genommen aus, um Europa aufzurütteln. Auf die Abfassung von Bullen mußten persönliche Visiten des Kirchenoberhauptes folgen, und es war nötig, ständig weiter für einen Kreuzzug zu werben – ein Prozeß, der als das «Predigen des Kreuzes» bekannt war. Es war offensichtlich wichtig, daß der jeweilige Papst die Kontrolle über diese Predigten und damit über die Rekrutierung der Kreuzfahrer hatte. Man kann annehmen, daß eine enthusiastische Reaktion – oder manchmal auch überhaupt eine Reaktion – die Päpste mehr als erfreute, und es trifft zu, daß Innozenz III. und seine Nachfolger versuchten, ihren Priestern die Aufgabe zu erleichtern, indem sie sogar denen, die lediglich den Predigten lauschten, Ablässe gewährten. Daran, daß die Menge der Ablässe, die den Zuhörern von Kreuzzugspredigten gewährt wurden, im Laufe des dreizehnten Jahrhunderts ständig größer wurde, läßt sich ermessen, welchen Schwierigkeiten sich die Werber und Propagandisten gegenübersahen.

Es gab jedoch Gelegenheiten, bei denen der Überenthusiasmus von Männern und Frauen (von denen es die Päpste lieber gesehen hätten, daß sie in der Heimat geblieben wären) für Rom genauso schädlich war wie die in

Europa herrschende Indifferenz. Urban II. und seine Nachfolger waren nicht besonders erfolgreich, als sie spanische Christen davon abzuhalten versuchten, sich aus dem Kampf an den Grenzen des eigenen Landes zurückzuziehen, um in den Orient zu ziehen. Auch erwies es sich als aus strukturellen Gründen unrealisierbar, untaugliche Nicht-Kämpfer daran zu hindern, sich den Heeren anzuschließen; wenn sie darauf bestanden, das Kreuz zu nehmen, konnte man nichts dagegen ausrichten. Kraft seines Amtes vermochte es Papst Urban, Priestern zu untersagen, ohne Erlaubnis ihrer Bischöfe auf Kreuzzug zu gehen, und Mönchen und Nonnen war es in jedem Fall verboten – einige zogen aber trotzdem los. Obwohl Urban erklärte, er wünsche nicht, daß alte Männer, Frauen ohne Ehegatten oder geeignete Gefährten und (in dieser Beziehung verhielt er sich anders als Innozenz III.) junge verheiratete Männer ohne Einwilligung ihrer Frauen teilnähmen, bestand die einzige Kontrolle, die er einführte, in dem ausdrücklichen Verbot, daß Männer und Frauen sich zur Teilnahme verpflichteten, bevor sie sich mit dem Priester ihre Gemeinde beraten hatten. Es war einfach ein Faktum, daß man untaugliche Laien nicht davon abhalten konnte, an Pilgerfahrten teilzunehmen, die immer gerade den Älteren und Kranken offengestanden hatten. Da ein Kreuzzug eine solche Pilgerfahrt war, gab es keine Möglichkeit, bis auf junge, gesunde, männliche Kämpfer alle anderen auszuschließen. Nicht-Kämpfer stellten daher weiterhin ein Problem dar, die den Führern eines Kreuzheeres Kopfschmerzen bereiteten, die feststellten, daß sie sich um diese Menschen kümmern mußten. Noch in den achtziger Jahren des zwölften Jahrhunderts schimpfte Ralph Niger in einer Schrift über die nicht kampfesfähigen Kleriker, Mönche, Frauen, Armen und Alten, die sich den Kreuzfahrern anschlossen.

Das Predigen von Kreuzzügen war nie vollständig in der Hand der Päpste. In der Geschichte der Kreuzzüge kam auch volkstümlichen Erweckungs- und Wanderpredigern eine wichtige Rolle zu. Der berühmteste von ihnen, Peter der Einsiedler, war von 1095 bis 1096 in Mittelfrankreich und im Rheinland aktiv. Er zog an der Spitze einer bewaffneten Schar in den Orient, die vor dem Hauptheer einhermarschierte und von den Türken im westlichen Kleinasien aufgerieben wurde. Peter selbst und das, was von seinem Gefolge übrigblieb, sollten aber noch eine signifikante Rolle beim Ersten Kreuzzug spielen. Zu seinen Nachfolgern gehörte Radulf, ein Zisterziensermönch, dessen großer Einfluß im Rheinland zur Zeit des Zweiten Kreuzzugs dem Heiligen Bernhard Sorgen machte. Außerdem sind Stephan Vendomais und Nikolaus von Köln zu ihnen zu zählen, die beiden Knaben, die 1212 den pathetischen und fälschlicherweise so genannten »Kinderkreuzzug« ins Leben gerufen haben sollen. Schließlich wäre noch der Meister Jakob aus Ungarn zu nennen, der 1251 zum »Kreuzzug der Hirten« aufrief. In den Predigten der Genannten lag der Schwerpunkt auf Visionen und Verheißungen, wobei besonders die Belohnungen hervorgehoben wurden, die die Armen empfangen würden. Der Glaube, daß die Armen belohnt werden würden, charakterisierte die populistische Bewegung, die die Kreuzzüge mittrug, und er schlug sich gelegentlich in eruptionsartigen Massenaufbrüchen in Richtung auf das Gelobte Land nieder, in das der gängigen Ansicht nach nur die Unterprivilegierten gelangen konnten. Die volkstümliche Bewegung begann im dreizehnten Jahrhundert an Schwungkraft zu verlieren, als nämlich der von da an übliche Transport der Truppen über das Meer es den Armen so gut wie unmöglich machte, an einem autorisierten Kreuzzug teilzunehmen:

Sie konnten es sich einfach nicht leisten, für ihre Überfahrt zu bezahlen.

Eine einflußreichere Rolle als diese Wanderprediger spielten die offiziellen Propagandisten, zu denen natürlich auch die Päpste selbst gehörten. Wir haben schon gesehen, wie Urban II. im Anschluß an seinen Aufruf von Clermont eine Reise durch einen großen Teil Frankreichs unternahm. 1212 eröffnete Innozenz III. das Vierte Laterankonzil mit einer Predigt, die unter anderem auch den von ihm geplanten Kreuzzug betraf, und 1216 predigte er in Mittelitalien das Kreuz. In Orvieto kamen – wie es 120 Jahre zuvor in Clermont geschehen war – solch große Menschenmassen zusammen, daß der Papst sich genötigt sah, trotz des heftigen Regens im Freien zu ihnen zu sprechen. 1274 ging Gregor X. bei dem Zweiten Konzil von Lyon in mindestens drei Predigten auf den Kreuzzug ein. Aufgrund der zahlreichen Verpflichtungen, die sie hatten, konnten die Päpste jedoch nicht viele persönliche Auftritte absolvieren und mußten auf Helfer zurückgreifen. In Clermont drängte Urban II. die anwesenden Bischöfe, ihrerseits das Kreuz zu predigen. Anscheinend haben damals nicht sehr viele von ihnen seiner Aufforderung Folge geleistet, doch der Erfolg des Ersten Kreuzzugs bewirkte einen Wandel der Einstellung. Im Anschluß an ihn strömte eine Flut von Erlassen aus der päpstlichen *Curia*, mit denen die Bischöfe angewiesen wurden, selbst das Kreuz zu predigen oder diejenigen, die von den Päpsten entsandt worden waren, dies zu tun, zu unterstützen. In den achtziger Jahren des zwölften Jahrhunderts hatten zumindest in Britannien die Prälaten mit Hilfe des niederen Klerus schon eine recht systematische Prozedur entwickelt, nach der man beim Predigen des Kreuzes vorging. Die einheimischen Geistlichen waren jedoch nie sehr zuverlässig, und die Päpste begannen bald, Sonderbeauftragte einzusetzen. Der bekannteste von diesen war in der Frühzeit Bernhard von Clairvaux, der von Papst Eugen III. ausgesandt wurde, um in Frankreich und Deutschland Kämpfer für den Zweiten Kreuzzug zu gewinnen. Wie genau Bernhards Auftrag formuliert war, ist nicht überliefert: Er war mit Gewißheit kein Legat und konnte daher nicht ermächtigt worden sein, in dieser Angelegenheit zu agieren, als ob er der Papst selbst sei, wenn auch der Erfolg seiner Predigten, die Kraft seiner Persönlichkeit und der Einfluß, den er bei Eugen besaß, ihm mit Sicherheit große Autorität verliehen haben. Legaten scheinen zum ersten Mal von 1173 bis 1174 zum Predigen des Kreuzes ausgeschickt worden zu sein und wurden von da an häufig eingesetzt.

Zu einer neuen Entwicklung kam es während des Pontifikats von Innozenz III. Er verschmolz den Einsatz von Sonderbeauftragten mit dem von Klerikern aus den Provinzen, indem er lokale Geistliche zu seinen Stellvertretern ernannte. 1198, als er den Vierten Kreuzzug proklamierte, wurde ein Legat nach Frankreich entsandt, und man ließ gleichzeitig bekannten einheimischen Geistlichen wie dem berühmten Prediger Fulkus von Neuilly freie Hand, doch der Papst wünschte überdies, daß in jeder Provinz zwei Männer aus dem höheren Klerus ausgewählt würden, um zusammen mit einem Tempelritter und einem Johanniter das Kreuz zu predigen. Als er 1208 – in Frankreich und in der Lombardei zumindest – den erfolglosen Versuch unternahm, einen neuen Kreuzzug ins Leben zu rufen, beabsichtigte er zunächst, sich auf das grundsätzlich gleiche System zu stützen, führte dann aber 1213 ein viel ausgefeilteres ein. Er warf in höchsteigener Person ein wachsames Auge auf die Predigtkampagne in Italien, ernannte aber für diese Aufgabe in zahlreichen Provinzen kleine Gruppen von Männern – die Zahl der

Mitglieder variierte geringfügig –, von denen viele Bischöfe waren. Er bezog sich auf sie mit dem Ausdruck *executori*, »Vollzieher« seines Willens, verlieh ihnen den Status von Legaten und wies sie an, sich eine bescheidene Lebensweise zu eigen zu machen und sich nur von wenigen Dienern begleiten zu lassen. Sie sollten predigen, Gelübde entgegennehmen und, falls ihnen irgendwelche Spenden für das Heilige Land übergeben würden, diese in irgendeinem Klostergebäude sicher verwahren. Sie konnten in jeder Diözese Stellvertreter einsetzen – in Liège und in Köln wurden vier dieser Männer ernannt –, und der Papst ließ dem Bischof von Regensburg den Rat zukommen, Vertreter zu bestimmen, die die Bevölkerung von zwei oder drei Kirchspielen zusammenrufen sollten, um vor ihnen zu sprechen, wenn es ihnen nicht möglich sei, sich mit jedem einzelnen von ihnen zu befassen. Der erfolgreichste Exekutor war Oliver, der *scholasticus* von Köln, dessen in den Provinzen gehaltene Predigten, bei denen es, wie es hieß, manchmal zu Wundererscheinungen kam, große Begeisterung auslösten. In bestimmten Ländern wollte man nach einem anderen Schema verfahren. In Ungarn sollte jeder Bischof das Kreuz predigen. Im sogenannten »fränkischen« Teil Syriens und in Palästina sollte Jakob von Vitry, der neue Bischof von Akkon und der größte Prediger seiner Zeit, Kreuzfahrer rekrutieren. In Dänemark und Schweden sollte der Erzbischof von Uppsala dem Legaten, der auch Erzbischof von Lund war, beistehen, und nach Frankreich wurden zwei neue Legaten entsandt. Dieses elaborierte – vielleicht auch zu elaborierte – System scheint nicht noch einmal in ähnlich großem Stil, das heißt in so vielen Regionen, angewandt worden zu sein, man könnte es jedoch – im Jahr 1234 etwa – in bestimmten Provinzen wieder aufgenommen haben. Bei anderen Gelegenheiten wurden die Prälaten vielleicht erneut gebeten, selbst zu predigen oder Männer für diese Ausgabe auszuwählen. Vielleicht hat man auch wieder Gruppen von Klerikern – vor allem Franziskaner oder Dominikaner – direkt damit beauftragt, für die Kreuzzüge zu werben. Es bildete sich jedoch eine Tendenz aus, bestimmte Prediger zu Legaten zu ernennen und ihnen weitreichende Machtbefugnisse zu übertragen. Beispiele für solche Männer sind Konrad von Porto, der in den zwanziger Jahren des dreizehnten Jahrhunderts in Deutschland und Italien tätig war, Eudes von Châteauroux, der zwanzig Jahre später in Frankreich und Deutschland wirkte, und Ottobuono Fieschi, der 1265 für ein riesiges Gebiet zuständig war, das von Norwegen über Flandern, die Gascogne und Britannien bis hin nach Irland reichte. Ottobuono besaß die Vollmacht, Priester, Notare und Geldeinnehmer zu ernennen und seiner Autorität zu unterstellen. Er hielt einige seiner Predigten selbst, befugte aber generell jeden dazu, den er dafür geeignet hielt, vor allem Mönche aus der jeweiligen Gegend.

Detaillierte Belege für die Form, die die Kreuzzugspredigten annahmen, haben wir erst vom dreizehnten Jahrhundert an, es ist aber eindeutig, daß das Muster sich schon im Jahrhundert davor herauskristallisiert hatte. Predigtkampagnen großen Umfangs von der Art, wie Papst Urban II. sie initiiert hatte, waren immer sehr theatralische Angelegenheiten. Bei ihnen kam jede Technik zur Anwendung, mit der sich die Möglichkeit bot, eine Atmosphäre zu schaffen, in der sich die Gläubigen leicht zu einer spontanen Verpflichtung zur Teilnahme hinreißen ließen. Der Tag, an dem eine Predigt gehalten wurde, war oft mit Bedacht ausgewählt. Papst Urban hat sein Eintreffen in bestimmten Städten zeitlich so abgestimmt, daß es mit großen Festen von Stadtheiligen zusammenfiel. 1188 wählte der Legat Heinrich von Marcy für die wichtigste Predigt, die er in Deutschland hielt, *Laetare*, den vierten Sonntag der Fastenzeit. An diesem Tag beginnt der Introitus zur Messe mit den Worten: »Freue Dich, Jerusalem ...«. 1291 organisierte der Erzbischof von York, indem er auf Dominikaner und Franziskaner aus dreizehn Gemeinden zurückgriff, Massenveranstaltungen, die alle gleichzeitig am 14. September, dem Fest der Kreuzeserhöhung, in siebenunddreißig Orten seiner Diözese stattfinden sollten. Oft wurden solche Veranstaltungen im Freien abgehalten, wo sich die größte Wirkung erzielen ließ. Wie Papst Urban II. zwanzig Jahre vor ihm und Papst Innozenz III. fünfzig Jahre nach ihm predigte auch Bernhard von Clairvaux das Kreuz unter freiem Himmel. Er überredete den König von Frankreich, der schon bei einer nicht-öffentlichen Zeremonie das Kreuz genommen hatte, in Vézelay neben ihm auf dem hölzernen Podium zu erscheinen und dort – mit dem Kreuz auf der Kleidung – zu stehen und seinen Worten zu lauschen. 1096 trug der Wanderprediger Peter der Einsiedler einen Brief mit sich herum, von dem er behauptete, daß er ihm vom Himmel übersandt worden sei. Eineinhalb Jahrhunderte später zeigte der Meister Jakob aus Ungarn überall einen Brief vor, der ihm angeblich von der Jungfrau Maria überreicht worden war. In den neunziger Jahren des zwölften Jahrhunderts stellten sich die Prediger vor eine riesige Leinwand, auf die berittene Muslime gemalt waren, die im Begriff waren, das Heilige Grab zu schänden.

Die Prozedur begann für gewöhnlich mit einer Messe, die in Gegenwart so vieler ranghoher Kleriker aus der Gegend zelebriert wurde, wie man überhaupt zusammenziehen konnte. Nach dem Ende des Gottesdienstes wurde der päpstliche Erlaß, mit dem die Gläubigen zur Teilnahme an einem bestimmten Kreuzzug aufgefordert wurden, in Übersetzung in die jeweilige Landessprache verlesen.

Diese Schreiben waren daher zumeist in einem höchst gefühlsgeladenen Stil abgefaßt. Ein Beispiel dafür liefern die einleitenden Sätze der Proklamation des Dritten Kreuzzugs, die niedergeschrieben wurden, nachdem die Nachricht von der Einnahme Jerusalems durch Saladin eingetroffen war:

> *Als Wir gehört, von was für einem gestrengen und fürchterlichen Urteil das Land Jerusalem durch die Hand Gottes heimgesucht worden ist, sind Wir und Unsere Brüder durch solch großen Schrecken derart verwirrt und durch solch großes Leid derart betroffen gemacht worden, daß Wir nicht ohne Mühe entscheiden konnten, was zu tun oder zu sagen sei; über dieselbe Situation klagte der Psalmist und sagte:* ›*Gott, es sind Heiden in Dein Erbe eingefallen.*‹

Nach der Verlesung des Erlasses begann der Prediger dann seine Homilie. Es wurde für wichtig erachtet, zu einer möglichst großen Menschenmenge zu reden, doch war es üblich, daß die Prediger sich vor allem über Themen ausließen und *Exempla* anführten, die Adelige und Ritter in besonderer Weise ansprachen, da man ihrer am dringendsten bedurfte. Man riet den Predigern, ihre Ausführungen relativ kurz zu halten, und tatsächlich ist keiner der erhaltenen Texte besonders lang. In ihnen wird immer wieder auf die Bibel rekurriert, und in die exegetischen Passagen sind schlichte, leicht zu verstehende Anekdoten eingestreut. Jede Predigt schloß mit einer *invitatio*, einem Appell, in dem der Redner seine Zuhörer beschwor, das Kreuz zu nehmen. Eine Vorstellung davon, wie leidenschaftlich diese Schlußappelle werden konnten, vermittelt uns der Bericht über eine am 3. Mai 1200 in Basel von dem Abt Martin von Paris gehaltene Predigt:

Und so, ihr starken Krieger, eilt heute zur Hilfe Christi herbei, tretet der Ritterschaft Christi bei, sputet euch, euch zu Gemeinschaften zusammenzuschließen, die sich des Erfolgs sicher sein können. Ihr seid es, die ich heute verpflichte, die Sache Christi zu übernehmen, eure Hände sind es, in die ich, sozusagen, Christus selbst lege, auf daß ihr danach streben möget, ihm sein Erbe wieder zu verschaffen, aus dem er so grausam vertrieben worden ist.

Wenn die *invitatio* zu ihrem Ende kam, stimmte ein Chor eine Hymne oder einen Sprechgesang an. 1100 hatte sich der Erzbischof von Mailand das populäre Lied ›*Ultreia, ultreia*‹ zunutze gemacht. Dieses Lied muß gesungen worden sein, als Gläubige aus der Menge zum Altar geeilt kamen, um sich zur Teilnahme am Kreuzzug zu verpflichten. Wenn er sein Gelübde abgelegt hatte, überreichte man jedem von ihnen ein Kruzifix aus Tuch, und man erwartete von ihm, daß er dieses unverzüglich an seiner Kleidung anbringen ließ. Dieser Teil der Prozedur bedurfte einer sorgfältigen Vorbereitung, weil es sonst zu einem Chaos gekommen wäre; 1146 war in Vézelay die Begeisterung der Menge so groß, daß der Vorrat an präparierten Stoffkruzifixen ausging und Bernhard sein Habit in Streifen zerreißen mußte, damit man noch zusätzliche ausgeben konnte. 1463 ließ der Kardinal Bessarion folgende Anweisung an Kreuzzugsprediger ergehen:

Die Art, in der das Zeichen [des Kreuzes] angebracht wird, soll [...] allenthalben identisch sein, und es soll so schnell wie möglich damit begonnen werden. Wenn ein Zeichen aus roter Seide oder rotem Tuch gefertigt worden ist, sollen sie es mittels einer Nadel auf der Brust befe-

stigen. Diejenigen, die es empfangen, mögen es danach fest annähen.

Man erwartete von den Kreuzfahrern, daß sie das Kreuz solange trugen, bis sie nach der Erfüllung ihres Gelübdes nach Hause zurückkehrten.

Man gewinnt den Eindruck, daß die Zeremonie der Kreuznahme eine höchst emotionale, hysterische und turbulente Angelegenheit sein konnte. Indem die Prediger sich in Worten ausdrückten, von denen sie hofften, daß sie größtmögliche Wirkung erzielten, und versuchten, ihre Zuhörer zu bindenden Verpflichtungen – die von vielen von ihnen später bedauert worden sein müssen – zu einer anstrengenden, kostspieligen und unangenehmen Unternehmung zu bewegen, riefen sie manchmal Kräfte wach, die die Kirche nicht mehr kontrollieren konnte:

Ich wende mich an Väter und Söhne und Brüder und Enkel. Wenn ein Fremder einen der Euren niederschlagen würde, würdet ihr dann nicht euren Blutsverwandten rächen? Um wieviel mehr solltet ihr euren Gott, euren Vater, euren Bruder rächen, den ihr geschmäht, aus seinem Besitz verbannt, gekreuzigt sehet!

Es überrascht nicht, daß es, vor allem in der Frühzeit der Bewegung, in Perioden, in denen neue Kreuzzüge in Gang gesetzt wurden, immer wieder von neuem zu Judenprogromen, ethnischen Säuberungen und einem vollständigen Zusammenbruch von Zucht und Ordnung kam.

Die Finanzierung

Kreuzzüge waren teuer und wurden mit dem Ansteigen der Kosten für die Kriegsführung immer noch teurer. Papst Urban II., der schon erkannte, daß Geld ein Problem sein würde, hatte bereits die Reichen aufgerufen, den weniger Begüterten beizustehen, und die großen Fürsten, die am Ersten Kreuzzug teilnahmen – Männer wie Herzog Robert von der Normandie und Graf Raimund von St. Gilles –, hatten Ritter, die zu ihren Kontingenten gehörten, finanziell unterstützt. Es wurde Usus, daß diejenigen, die es sich leisten konnten, mit Hilfe finanzieller Anreize Gefolgsleute gewannen oder einen Teil von deren Unkosten übernahmen. Schätzungen zufolge beliefen sich für König Ludwig IX. von Frankreich die Gesamtkosten für den Kreuzzug von 1248–1254 auf 1.537.570 *Livre*, was dem Sechsfachen der Summe seiner jährlichen Einnahmen entsprach, und mit Sicherheit ist diese Zahl noch zu tief angesetzt: Man kann nämlich nachweisen, daß er nach dem Abschluß seiner gescheiterten Kampagne in Ägypten bereits mehr als 1.000.000 *Livre* allein in Palästina ausgab. Es gab aber immer Ritter, die Grund und Boden verpfänden oder verkaufen mußten, um ihre Fahrt bezahlen zu können, und es existieren Belege dafür, daß es ihnen zunehmend widerstrebte, alleine für die Kosten aufkommen zu müssen. Schon sehr früh zeichnete sich ab, daß man andere finanzielle Ressourcen als die Taschen der Kreuzfahrer selbst würde erschließen müssen.

Die weltlichen Herrscher begannen bald, von ihren Untertanen Subventionen zu verlangen. 1146 ordnete Ludwig VII. in Frankreich die Erhebung einer Abgabe an, um Geld für den Zweiten Kreuzzug zu beschaffen. Es ist nicht bekannt, welche Form diese Abgabe genau annahm, doch wurde sie sowohl der Kirche wie auch dem Laienstand auferlegt, und möglicherweise handelte es sich um eine Art Zwangs-Feudalsteuer. 1166 wurde von Ludwig und von Heinrich II. von England eine Steuer für das Heilige Land eingetrieben, deren Höhe sich nach dem Wert des beweglichen Besitzes und nach dem Einkommen des Steuerpflichtigen richtete. 1185 zogen Heinrich und Philipp II. von Frankreich eine weitere solche – nach Einkommen und beweglichem Besitz abgestufte – Steuer ein und verlangten ein Zehntel der Schenkungen, die alle, die in den zehn Jahren nach dem 24. Juni 1184 gestorben waren, hinterlassen hatten. Im Jahr 1188 führten sie dann die berühmte «Saladin Tithe» ein: Dieses »Zehnt« wurde für ein Jahr von allen, Klerikern wie Laien, verlangt, die nicht das Kreuz nahmen, und zur Bemessung wurden wieder das Einkommen und der bewegliche Besitz herangezogen. Im Juni 1201 überredete der päpstliche Legat Oktavian die Könige Johann von England und Philipp von Frankreich, ein Vierzigstel des jährlichen Gewinns, den ihre Ländereien abwarfen, beizusteuern und von ihren Vasallen ebenfalls ein Vierzigstel von den Einnahmen aus ihren Anwesen einzutreiben. Zur Einführung solcher – bei besonderen Gelegenheiten und nur zeitweilig erhobenen - Steuern kam es während des gesamten dreizehnten Jahrhunderts. Ludwig IX. von Frankreich zum Beispiel übte in den vierziger Jahren des dreizehnten Jahrhunderts Druck auf Städte seines Reiches aus, ihm Geld für seinen Kreuzzug zu geben, und das englische Parlament gewährte Lord Edward 1270 ein Zwanzigstel der Staatseinnahmen. 1274 verlangte Papst Gregor X. – es ist unbekannt, ob mit Erfolg oder nicht –, daß jeder weltliche Herrscher von jedem seiner Untertanen einen Silberpfennig einziehe.

Spenden und Legate, die von Anfang an und vor allem, als es im Anschluß an die Eroberung Palästinas zu einer Welle großer Begeisterung im Volke kam, für die Kreuzzugsbewegung gegeben wurden, stellten eine andere wertvolle Finanzquelle dar. Die Päpste befahlen, daß man in den Kirche Truhen für die Kollekte von Geldspenden aufstellte, und gewährten von der Mitte des zwölften Jahrhunderts an jenen, die auf diese Weise die Bewegung unterstützten, Ablässe, wenn auch keine uneingeschränkten. Gleichzeitig ermunterten sie die Gläubigen dazu, in ihren Testamenten auch das Heilige Land zu bedenken.

Die Päpste selbst spielten bei der Finanzierung der Kreuzzüge natürlich die Hauptrolle. Sie machten sich die Verfahren, die von kirchlichen Gerichten betrieben wurden, zunutze – unter Gregor IX. und Gregor X. wurden die Strafgelder, zu deren Zahlung Gotteslästerer verurteilt wurden, ins Heilige Land geschickt –, ersannen aber auch neue Maßnahmen zum Zwecke der Geldbeschaffung. Sie begannen damit, die Einlösung eines Kreuzzuggelübdes durch die Zahlung einer bestimmten Summe Geldes zuzulassen. Zu dieser Entwicklung führten mehrere Überlegungen. Erstens spiegelte sich in der immer gebräuchlicher werdenden Praxis, Ablässe für das Darbringen von Spenden anstelle einer aktiven Beteiligung zu gewähren, die Ansicht wider, daß alle Gläubigen auf irgendeine Weise einen Beitrag leisten sollten. Zweitens sah sich die Kirche mit großen Scharen von Menschen konfrontiert, die nicht in der Lage waren zu kämpfen, aber dennoch das Kreuz genommen hatten; sie konnte aber, wie schon dargestellt, wenig gegen diese nicht kampffähigen Kreuzfahrer ausrichten. Drittens mußten Kleriker und Kirchenrechtler versuchen, eine Lösung für jene zu finden, die das Kreuz im ersten Aufwallen der

Begeisterung genommen hatten, später aber aus ihrem Gelübde entlassen werden wollten. Bereits im zehnten Jahrhundert hatte man es für möglich erachtet, anstelle der eigenen Person einen Vertreter auf eine Pilgerfahrt zu schicken, und auch im zwölften Jahrhundert war dies nicht undenkbar, obwohl es gemeinhin schwierig war, aus den Verpflichtungen, die man mit einem Kreuzzuggelübde eingegangen war, entlassen zu werden: Während der Zeit des Drittens Kreuzzugs scheint dies aber ganz üblich gewesen zu sein.

Vom Pontifikat Alexanders III. an begannen Päpste in ihren Dekretalen und Kirchenrechtler in ihren Kommentaren die Möglichkeiten von *dispensatio, substitutio* (das Aussenden eines Stellvertreters), *redemptio* (Ablösung, das heißt Dispensation gegen die Zahlung von Geld) und *commutatio* (der Ausführung eines anderen der Buße dienenden Werks anstelle dessen, zu dem man sich per Gelübde verpflichtet hatte) zu erörtern. In den Anfangsjahren seines Pontifikats legte Innozenz einige allgemeine Vorschriften zu diesen Möglichkeiten nieder. Diese waren außergewöhnlich streng, insofern sie das Konzept des Römischen Rechts bezüglich der Vererbbarkeit von Gelübden bestätigten: Ein Sohn mußte ein von seinem Vater abgelegtes, aber nicht erfülltes Gelübde einlösen. Die Vorschriften sahen aber auch vor, daß der Papst (allerdings nur er) einen Aufschub für die Ausführung eines Kreuzzuggelübdes gewähren oder aber dessen *commutatio* oder eine *redemptio* zulassen konnte. Die Summe, die für eine Ablösung bezahlt werden mußte, sollte sich mit der Summe decken, die der Betreffende hätte aufwenden müssen, wenn er tatsächlich mit dem Kreuzheer in die Fremde gezogen wäre. Den Einfluß dieser Bestimmungen kann man in päpstlichen Erlassen aus dem Jahr 1213 entdecken wie auch in dem 1215 auf dem Vierten Laterankonzil verabschiedeten Dekret *Ad liberandum,* in dem auf Wandlung, Ablösung und Aufschub eingegangen wurde. Er machte sich auch in den Handlungen von Robert von Courçon und Erzbischof Simon von Tyros bemerkbar, den beiden Legaten, die in Frankreich für das Predigen des Fünften Kreuzzugs verantwortlich waren: Sie ermunterten jeden, wie auch immer sein – oder ihr – Gesundheitszustand war, das Kreuz zu nehmen, damit die anschließend erkauften Ablösungen soviel Geld wie möglich einbrächten. Das verursachte einen Skandal, doch von 1240 an wurden, päpstlicher Ermahnungen zum Trotz, solche Ablösungen beinahe jedem gewährt, der um sie bat oder für sie bezahlte; nur für eine kurze Zeitspanne im Anschluß an den Verlust Palästinas im Jahr 1291 wurde es wesentlich schwieriger, sie zu erlangen. Als Finanzierungsmittel wurde die *redemptio* mit dem Fortschreiten des dreizehnten Jahrhunderts immer wichtiger, doch das System ließ großen Mißbrauch zu und geriet daher häufig in die Kritik; halbherzige Versuche verschiedener Päpste, es zu reformieren, machten alles nur noch schlimmer.

Der größte finanzielle Beitrag kam durch die direkte Besteuerung der Kirche durch die Päpste zustande; für einen substantiellen Teil der Kosten, die Ludwig IX. entstanden, kam der französische Klerus auf. Der erste Hinweis, daß sich neue Vorstellungen entwickelten, was den finanziellen Betrag der Kirche zu den Kreuzzügen betraf, läßt sich in Mitteilungen von Papst Clemens III. an den Klerus von Canterbury und Genua aus dem Jahr 1188 finden, in denen er die englischen und italienischen Geistlichen ermunterte, einiges von ihrem Reichtum der Unterstützung solcher Kampagnen zu widmen. Zehn Jahre später wies Innozenz III. die Prälaten der gesamten Christenheit an, Krieger wie auch Geld für den Vierten Kreuzzug zu beschaffen, und er wiederholte diesen Befehl in seiner Bulle *Quia major* von 1213. In der Zwischenzeit, im Dezember 1199, hatte er aber schon einen epochemachenden Schritt getan. Er war zu dem Schluß gekommen, daß es keine andere Lösung gebe, als der gesamten Kirche eine Steuer abzuverlangen. Allerdings versicherte er seinen Bischöfen – offensichtlich besorgt über deren mögliche Reaktion –, daß dies weder Brauch oder Gesetz werden noch einen Präzedenzfall schaffen solle, und er teilte ihnen mit, daß er selbst ein Zehntel seiner Einnahmen zur Hilfe für den Orient zur Verfügung stellen werde. Er wies den Klerus an, ein Vierzigstel seiner gesamten Einnahmen abzugeben, nachdem von diesem Gewinn alles abgezogen worden war, was man aufgrund unvermeidbarer Wucherverträge schuldete. Einige Geistliche erhielten die Erlaubnis, nur ein Fünfzigstel zu zahlen. Auf Ratsversammlungen in den einzelnen Provinzen sollte über die Angelegenheit diskutiert werden, und innerhalb von drei Monaten sollte in jeder Diözese ein Ratsgremium, mit der Unterstützung eines Tempelritters und eines Johanniters, die Einziehung der Abgaben organisieren. Indem er sich von denselben zwei Ordensbrüdern und lokalen Honoratioren beraten ließ, sollte jeder Prälat Soldaten anheuern und mittellosen Kreuzfahrern finanzielle Beihilfen zukommen lassen.

Es stellte sich heraus, daß sich diese Steuer nur unter großen Schwierigkeiten einziehen ließ. Bis 1201 war sie weder in England noch in Frankreich eingetrieben worden und 1208 sogar in Teilen Italiens noch nicht. Wenn auch Innozenz III. 1209 dem Klerus in den Gebieten, in denen es Kreuzfahrer gab, die beabsichtigten, gegen die Katharer ins Feld zu ziehen, eine Steuer auferlegte, hielt das grundsätzliche Scheitern der Maßnahme von 1199 ihn wohl davon ab, 1213, nachdem er mit der Bulle *Quia major* einen Kreuzzug proklamiert hatte, erneut eine generelle Steuer zu verlangen. Zwei Jahre später jedoch wurde vom Vierten Laterankonzil von der Kirche für den Zeitraum von drei Jahren die Abgabe von einem Zwanzigstel ihrer Einnahmen verlangt, und wenn auch wieder der Beitrag des Papstes selbst hervorgehoben wurde, hatte ein *consilium generale* jetzt offiziell dessen Recht bestätigt, den Klerus zu besteuern. Von dieser Zeit an wurde die Einziehung solcher Einkommenssteuern zu einem regelrechten System ausgebaut. Die umfassendste Besteuerung dieser Art, ein sechs Jahre lang fälliger Zehnt, von dessen Zahlung niemand ausgenommen sein sollte, wurde 1274 auf dem Zweiten Konzil von Lyon bekanntgegeben. Für gewöhnlich beliefen sich die Abgaben auf ein Zehntel und wurden von der Kirche insgesamt oder vom Klerus eines bestimmten Landes gefordert, und zwar für Perioden, die sich von einem bis zu sechs Jahren erstrecken konnten. Beglichen werden sollten sie normalerweise in zwei jährlichen Raten von gleicher Höhe. Auflehnung gegen eine solche Besteuerung war aber verbreitet, und die Zahlungen erfolgten fast immer verspätet. Zuerst wurden die Einnahmen aus den Steuern den Kreuzfahrern in den einzelnen Regionen vor Ort ausgezahlt oder direkt ins Heilige Land geschickt, während der jeweilige Papst nur eine Abrechnung erhielt. 1220 jedoch überwachte Papst Honorius III. bereits persönlich die Übersendung der Gelder, und Mitte des dreizehnten Jahrhunderts war es Usus geworden, daß die Päpste die Einnahmen Königen oder Fürsten in Aussicht stellten, die versprochen hatten, einen Kreuzzug anzutreten. Wenn der Betreffende dann nicht wirklich ins Feld zog, wurde das Geld, das für ihn in Klöstern deponiert worden war, in päpstlichen Diensten stehenden Händlern übergeben, damit sie es nach Rom schickten. Der Widerstand der weltlichen Autoritäten gegen diese Praxis war jedoch so groß, daß die Päpste selten all das in Empfang nehmen konnten, was sie eigentlich hätten erhalten sollen.

Enorme Summen kamen durch Spenden, Legate, Ablösezahlungen und Steuern zusammen, und es bedurfte einer effizienten Maschinerie, um diese Gelder einzuziehen. 1188 hatte Papst Clemens III. die Bischöfe angewiesen, bestimmte Sekretäre zu ernennen, die das Geld einsammeln und dann für die Kreuzfahrer ausgeben sollten, 1198 jedoch wählte Innozenz III. in eigener Person aus den Klerikern in jeder Provinz Männer für diese Aufgabe aus. Es war typisch für seine Vorgehensweise, daß diese Steuereinnehmer, obwohl sie ortsansässige Personen waren, direkt von ihm in ihr Amt eingesetzt wurden. Im Jahr darauf überließ er die Organisation einer neuen Besteuerung des Klerus den Bischöfen, vielleicht, um die feindseligen Gefühle einzudämmen, die in deren Diözesen hätten aufflammen können. Ein Mangel an Kooperation hatte jedoch bald zur Folge, daß Vertreter der Kurie aus Rom entsandt wurden, um die Einnahme der Steuern zu überwachen, und 1213 führte Innozenz wieder eine zentrale Kontrolle ein: Seine Prediger in den Provinzen sollten in Zukunft auch bei dem Einziehen der Gelder mitwirken. Päpstliche Kommissionäre wurden mit dem Eintreiben des neuen Zwanzigstels beauftragt, das von der Kirche 1215 erhoben wurde, und das ganze System wurde von den Nachfolgern Innozenz' noch weiter perfektioniert. 1274 war das gesamte christliche Reich in 26 Distrikte unterteilt, die von Steuereinnehmern und -untereinnehmern verwaltet wurden. Die Steuern der Jahre 1199 und 1215 wurden vom Klerus selbst errechnet, doch 1228 wies Gregor IX. die päpstlichen Steuereinnehmer an, für diese Aufgabe besondere Repräsentanten auszuwählen, die die örtlichen Pfarrer per Eid dazu verpflichten sollten, die Einnahmen der Kirche in einem bestimmten Distrikt korrekt zu taxieren.

Das Predigen eines Kreuzzugs und das Aufbringen von Geldern zu seiner Realisierung waren zwei Aufgaben, zu deren Durchführung die Päpste auf die in höchstem Maße entwickelte kirchliche Bürokratie zurückgreifen konnten, und wir können das Entstehen einer, charakteristischerweise immer weiter vervollkommneten, Maschinerie nachvollziehen, die in ihrem Namen agierte. Die Probleme der Kirchenoberhäupter gingen jedoch über die Rekrutierung von Kreuzfahrern und die Beschaffung finanzieller Mittel zu deren Unterstützung hinaus. Wohin sollte ein Kreuzzug führen? Und wie sollten die Teilnehmer auf dem Weg zu dem festgelegten Ziel kontrolliert werden?

Strategie

Die Strategie für einen Kreuzzug zu entwickeln, war eine Sache der Moral. Christliche Kriege mußten so ausgefochten werden, daß sie ihre Ziele in möglichst schmerzloser Weise erreichten, wenn sie im Einklang mit den von Augustinus aufgestellten Kriterien stehen sollten. Natürlich konnte man unter den Bedingungen der damaligen Zeit und angesichts der Tatsache, daß es so gut wie unmöglich war, die Bewegungen von Truppenkontingenten, die aus verschiedenen Teilen Europas kamen, zu koordinieren, nicht wirklich auf lange Sicht planen, sondern den Kreuzfahrern oft nicht mehr als einige generelle Richtlinien an die Hand geben. Ereignisse draußen »im Feld« setzten immer die im Westen entwickelten Konzepte außer Kraft, und die letzten Entscheidungen mußten den sich vor Ort zu Beratungen versammelnden militärischen Führern überlassen werden. 1238 schlugen die Oberhäupter der Christen in Palästina Thibaut von Champagne vor, daß die Flotte, die sein Kreuzheer beförderte, Kurs auf Limassol auf Zypern nehmen sollte, wo man die Schiffe in Stand setzen und neu proviantieren könnte. Dort sollte ein Kriegsrat darüber diskutieren, ob es besser sei, nach Syrien oder nach Ägypten weiter zu segeln. Sie wiesen darauf hin, daß Limassol von Akkon, Alexandria und Damietta gleich weit entfernt war. Obwohl König Ludwig IX. in den vierziger Jahren noch vor Beginn seiner Unternehmung geplant hatte, Ägypten zu erobern, gab er die definitiven Befehle dazu erst nach seiner Ankunft auf Zypern. Trotz allem fand jedoch in Europa immer schon eine Planung allgemeinerer Art statt. Papst Innozenz III. begründete die Praxis, sich von im Osten ansässigen Christen häufig Berichte über die dortigen politischen Verhältnisse schicken zu lassen – er ließ sich mit Sicherheit von ihnen beraten, als er den Fünften Kreuzzug plante –, und von den siebziger Jahren des zwölften Jahrhunderts an haben sich viele für die Päpste verfaßte Mitteilungen erhalten; die meisten von ihnen stammen aus dem frühen vierzehnten Jahrhundert, als das Heilige Land verlorengegangen war und große Anstrengungen gemacht werden mußten, es wiederzugewinnen.

Einen aufschlußreichen Einblick in Diskussionen über Strategien bietet König Jakobs I. von Aragon Schilderung einer Debatte, die bei dem Zweiten Konzil von Lyon im Jahr 1274 stattfand und an der sowohl er wie auch Papst Gregor X. beteiligt waren. Anwesend waren außerdem Führer der Ritterorden und erfahrene Kreuzzugsteilnehmer, und unter ihnen scheint eine generelle Übereinstimmung bestanden zu haben, daß große, sorgfältig organisierte Kreuzzüge teuer waren, man die riesigen Heere nur schwer verpflegen und versorgen konnte und daß diese Unternehmungen auf lange Sicht nur wenig Positives bewirkten. Alle diese Argumente hielten Gregor aber nicht davon ab, einen neuen großangelegten Kreuzzug zu planen. Er starb allerdings, bevor er die Vorbereitungen dazu abgeschlossen hatte.

Nach 1291 hatten die Kreuzzüge, die in den Orient führten, zwei Ziele: die Wiedereinnahme Jerusalems und die Verteidigung der verbliebenen Siedlungen römischer Christen in Griechenland und auf den griechischen Inseln, und zwar vor allem gegen Überfälle türkischer Piraten. Unvermeidlicherweise gewann das zweite dieser Ziele, das von größerer Bedeutung für die Praxis war, die Priorität gegenüber dem ersten, und 1332 wurde die »Kreuzzugs-Liga« geboren, ein Marinebündnis unabhängiger Mächte, das dazu bestimmt war, die türkischen Piratenemirate in Schach zu halten. Von diesem Zeitpunkt an sollten Kreuzzüge militärische Operationen sowohl zu Wasser wie zu Lande sein, und als die Bedrohung durch das Osmanische Reich wuchs und Kreuzzüge mehr zur Verteidigung Europas selbst dienten, sollten solche Marinebündnisse eine wichtige Rolle beim Schutz der Christenheit und der christlichen Länder spielen.

Kontrolle

Die Kreuzzüge waren Instrumente der Päpste, sie verliehen der monarchischen Herrschaft der Päpste in spektakulärerer Weise Ausdruck als alles andere. Die Heere der Christlichen Republik zogen in Antwort auf die Appelle jener Männer ins Feld, die die irdischen Vertreter ihres obersten Herrschers waren. Wie dargelegt, sahen sich die Päpste bei den Bemühungen, für diese Feldzüge zu werben und sie zu finanzieren, mit großen Schwierigkeiten konfrontiert, doch sobald ein Heer aufgestellt, die logistischen Probleme gelöst und ein Ziel bestimmt worden war, wurden die Schwierigkeiten nicht geringer: Die Truppen mußten auch über die Entfernung hinweg kontrolliert werden, und dies war die schwierigste Aufgabe von allen. Von Anfang an wurden die Päpste auf den Kreuzzügen von Legaten vertreten. Ein Legat wurde ernannt, um das gesamte Heer zu beaufsichtigen; es gab aber unter Umständen zusätzlich noch untergeordnete Legaten, die dazu bestimmt wurden, nationale oder regionale Kontingente im Auge zu behalten. Ihr Verhältnis zu ihren unmittelbaren Vorgesetzten war oft gespannt: Auf dem Zweiten Kreuzzug waren Arnulf von Lisieux und Gottfried von Langres, denen jeweils ein Mann aus ihrer Diözese zur Seite stand, die päpstlichen Repräsentanten bei den anglo-normannischen und den französischen Kreuzfahrern, sie kamen aber nicht gut mit Theodwin und Guy aus, die für die gesamte Streitmacht verantwortlich waren. Die Legaten waren immer Geistliche, und darin lag ein unüberwindliches Problem begründet. Wie die Päpste selbst waren auch ihre Repräsentanten Priester, und als solchen war es ihnen durch das Kirchenrecht verboten, zu den Waffen greifen und zu kämpfen. Die militärische Führung eines Kreuzzugs konnte ihnen daher nicht übertragen werden. Dieses wurde um das Jahr 1150 herum von Bernhard von Clairvaux besonders klar zum Ausdruck gebracht, als er sich, nachdem man ihm angetragen hatte, einen neuen Kreuzzug anzuführen, an Papst Eugen III. wandte und fragte, wie er denn als Priester Streitkräfte befehligen könne. Es sei jetzt an der Zeit, meinte er, die beiden Schwerter zu zücken, die dem Papst zur Verfügung stünden, das geistliche und das weltliche. Beide Schwerter des Heiligen Petrus müßten gezogen werden, das eine von seiner, des

Papstes, eigenen Hand, das andere aber auf seinen Befehl hin, denn Christus habe Petrus doch am Vorabend der Kreuzigung befohlen, sein Schwert in die Scheide zu stekken, was wohl bedeute, daß auch sein Nachfolger die weltliche Waffe nicht in eigener Person schwingen solle. Ein Legat, dessen Befugnisse eingehend erforscht worden sind, ist Adhémar von Le Puy, der später zum »Anführer« des Ersten Kreuzzugs ernannt wurde. Es scheint wohl so zu sein, daß Papst Urban Adhémars Oberaufsicht über das Heer nicht als militärische Führung verstanden wissen wollte, sondern als Erfüllung geistlicher Pflichten durch Beratung, Schlichtung und Ermahnung. Für die Beschränkung von Adhémars Befehlsgewalt finden sich in der Geschichte der Kreuzzüge zu jeder Zeit zahllosen Parallelen. Auf dem Vierten Laterankonzil wurde verfügt, daß Priester im christlichen Heer

sich mit Fleiß Gebeten und Ermahnungen widmen und die Kreuzfahrer sowohl durch das Wort wie auch das Beispiel anleiten sollten, so daß sie immer Gottesfurcht verspüren und Seine Liebe vor Augen haben und nichts sagen oder tun, das die Göttliche Majestät beleidigt.

Papst Innozenz III. schrieb mit Beziehung auf einen anderen Legaten: »Während Josua kämpft, steigt er [der Legat] mit Aaron den Berg der Kontemplation hinauf und betet.« Natürlich gab es Ausnahmen wie Pelagius von Albano im dreizehnten Jahrhundert und Peter Thomas und Gil Albornoz im vierzehnten: Aufgrund der Kraft ihrer Persönlichkeit und ihrer Energie boten sie sich geradezu an, das militärische Kommando zu übernehmen. Im allgemeinen jedoch hielt man sich auf den Kreuzzügen an das Kirchenrecht, was den Papst und seinen Legaten vom Wohlwollen und der Kompetenz der weltlichen

Anführer abhängig machte, die allein die militärische Befehlsgewalt innehatten. Deren ungestümen Ansprüchen auf die Leitung hatte der Papst sehr wenig entgegenzusetzen, wenn sich ein Heer einmal in Bewegung gesetzt hatte, und er konnte nur hilflos zusehen, wenn die Truppen von ihrem eigentlichen Kurs abgebracht wurden.

Dies wird durch die Ereignisse verdeutlicht, die im Lauf des Vierten Kreuzzugs zum Angriff auf das Byzantinische Reich führten. Über dieses Abweichen des Kreuzheeres von seiner vorbestimmten Route ist viel debattiert worden, und es sind alle erdenklichen Theorien zu seiner Erklärung vorgebracht worden. Die am wenigsten überzeugende ist die, daß Innozenz III. an einem bereits in Europa geschmiedeten Komplott beteiligt gewesen sei, die Scharen der Kreuzfahrer nach Konstantinopel umzudirigieren, denn sie gesteht ihm weit mehr Macht zu, als er in Wirklichkeit besaß. Man muß das, was er nach dem Ende der Unternehmung tat, nicht mit der Haltung verwechseln, die er einnahm, bevor sie begann und während sie stattfand. Es gibt keinen Zweifel daran, daß er sich kurze Zeit nach der Eroberung von Konstantinopel mit allen Mitteln bemühte, die Griechische Kirche Rom untertan zu machen. Mit seinen Forderungen nach Konformität unternahm er etwas Neues – solch eine rigorose Einstellung gegenüber den Ostkirchen hatte bislang in den »fränkischen« Siedlungen im Orient nie geherrscht, doch die Tatsache, daß er eine neuartige Situation akzeptierte und voll ausnutzte, sollte nicht als Beweis dafür genommen werden, daß er von allem Anfang in Pläne verwickelt war, Griechenland zu erobern. Wie schon erwähnt, war er von der Kreuzzugidee und der Vorstellung, daß man dem Heiligen Land unbedingt beistehen müsse, geradezu besessen. In den Jahren von 1202 bis 1204 war er auch noch vergleichsweise jung und unerfahren. Er sah sich mit skrupellosen Politikern konfrontiert, die seinen Legaten Peter Capuano in Venedig gewaltsam daran hinderten, sich dem Kreuzzug anzuschließen, und mit einem Ungetüm von Kreuzheer, das schwerfällig davonpolterte und dabei immer mehr außer Kontrolle geriet. Sein langes Schweigen und sein Nichteingreifen können mit Sicherheit am ehesten als ein Zögern gedeutet werden, als Unvermögen, zu einem Entschluß darüber zu kommen, wie er sein kostbares Werkzeug wieder auf den richtigen Pfad bringen sollte.

Wir haben schon gesehen, daß das Papsttum die Autorität war, die diese Form von heiligem Krieg legitimierte, und daß das Gelübde der Kreuzfahrer es möglich machte, eine weltliche Aktivität einer kirchlichen Autorität zu unterstellen. Weiterhin haben wir erfahren, daß die Päpste die Proklamation, das Predigen und die Finanzierung eines Kreuzzugs selbst in die Hand nehmen konnten, daß aber ihre Kontrolle über die Rekrutierung der Kreuzfahrer begrenzt und ihre Macht, sobald das Heer sich auf den Marsch begeben hatte, eher theoretischer Natur war. Kein geistlicher Führer, wie erhaben auch immer seine Stellung war, konnte wirklich eine so säkulare Unternehmung wie einen Feldzug leiten.

Wer waren die Kreuzfahrer?

Das Gelübde

Es konnte keinen Kreuzzug ohne Kreuzfahrer geben, und was Männer oder Frauen zu solchen machte, war das Ablegen eines Gelübdes. Dieses Gelübde wurde von Papst Urban II. eingeführt, der in Clermont seine Zuhörer aufforderte, ein öffentliches Versprechen abzugeben, und diejenigen, die seiner Aufforderung nachkamen, anwies, als Zeichen für die Verpflichtung, die sie eingegangen waren, ein Kreuz auf ihre Gewänder zu nähen. Das Gelübde war ein neues Element in der christlichen Vorstellung vom heiligen Krieg, wenn es auch Ergebnis von Überlegungen war, die Urban schon vor dem November 1095 angestellt hatte. Im März des Vorjahres hatte er in Piacenza auf ein Gesuch der Griechen um Hilfe damit reagiert, daß er die Gläubigen gedrängt hatte, einen Eid abzulegen, Gott und dem byzantinischen Kaiser gegen die Muslime beizustehen. Eide hatten im Christentum schon eine weit zurückreichende Geschichte, und lange Zeit hatten sie als etwas gegolten, das gesetzlich bindende Verpflichtungen schuf. Die Kirchenrechtler setzten sich jedoch erst in den auf Urbans Aufforderung folgenden eineinhalb Jahrhunderten eingehend mit ihnen auseinander. Sie wurden schließlich als bewußt gegenüber Gott eingegangene Verpflichtungen definiert, bestimmte Dinge zu tun oder nicht zu tun. Sie konnten von der Form her einfach sein, das heißt ohne jede Formalität abgelegt werden, so daß ihre Erfüllung – von seiten der Kirche – nicht erzwungen werden konnte; sie konnten aber auch öffentlich, in einer feierlichen Zeremonie abgelegt werden und rechtlich bindend sein. Sie konnten von allgemeiner Art sei, etwas für jeden Christen Verbindliches beinhalten, oder sich auf etwas Spezielles beziehen und individuelle, freiwillig unternommene Handlungen zum Ergebnis haben. Es gab notwendige Eide, und zwar insofern notwendig, als man sie ablegen mußte, um das Seelenheil zu erlangen, oder aber freiwillige Eide, die man aus persönlicher Frömmigkeit heraus schwor. »Reine« Eide beinhalteten eine uneingeschränkte Verpflichtung, im Unterschied zu solchen, die »konditional« waren, also nur ihre Erfüllung unter bestimmten Bedingungen in Aussicht stellten. Man konnte verschiedene Stadien der Eidesleistung – die *deliberatio, propositum* und *votum* genannt wurden – durchlaufen, bevor man definitiv verpflichtet war, doch sobald man das *votum* abgelegt hatte, war dieses, falls es von einem selbst nicht erfüllt wurde, auch für die eigenen Erben bindend. Allerdings konnte man unter bestimmten Umständen von dem Gelübde entbunden werden oder es umwandeln.

Die gerade vorgestellte Definition des Gelübdes war das Endprodukt einer lange währenden Entwicklung; sie liefert jedoch einen nützlichen Ansatzpunkt, um jenes Gelübde zu bestimmen, mit dem man sich zur Teilnahme an einem Kreuzzug verpflichtete. Für gewöhnlich wurde dieses bei einer feierlichen Zeremonie abgelegt, es bezog sich immer auf eine besondere Sache und wurde stets freiwillig geleistet, war häufig konditional. Es resultierte in einer vorübergehenden Verpflichtung. Diese Verpflichtung konnte – im Zusammenhang mit den im zwölften Jahrhundert unternommenen Zügen in den Orient – zum Beispiel darin bestehen, das Heilige Grab in Jerusalem aufzusuchen, mit der Spezifizierung, daß man diese Pilgerfahrt in den Reihen eines organisierten Heeres absolvieren werde, das vom Papst zu seiner

Unternehmung autorisiert worden war. Erhaltene Zeugnisse zu dem Kreuzzug gegen die Albigenser deuten darauf hin, daß die Teilnehmer in jenem Fall gelobten, gegen die Ketzer und Feinde des Glaubens im Languedoc zu kämpfen.

Gegen Ende des zwölften Jahrhunderts hatte sich die Auffassung ausgebildet, daß die von Kreuzfahrern abgelegten Gelübde eng mit den von Pilgern geleisteten verwandt waren. Von Anfang an hatte die Verpflichtung, die Kreuzfahrer eingegangen waren, darin bestanden, sich auf etwas zu begeben, was man als eine Pilgerfahrt oder Wallfahrt ansah. Einige der Privilegien, die ihnen gewährt wurden, waren dieselben, in deren Genuß früher Pilger gekommen waren, und für gewöhnlich wurden sie mit der Pilgertasche und dem Pilgerstab ausgestattet wie auch mit dem Kreuz auf der Kleidung, das ein Zeichen für ihr besonderes Versprechen war. Es ist jedoch zu bezweifeln, daß viele der Pilger, die in der Zeit vor dem Ersten Kreuzzug nach Jerusalem zogen, ein Gelübde abgelegt hatten. Man konnte sie grob in drei Gruppen unterteilen: Die erste bildeten jene, die Bußen ableisteten, die ihnen von ihren Beichtvätern auferlegt worden waren. Im dreizehnten Jahrhundert war diese Kategorie von Pilgern genau definiert und nochmals in drei Unterkategorien unterteilt worden, wobei die Art der Sünde und der Status des Beichtvaters ausschlaggebend gewesen waren. Es war kein Gelübde nötig, um ein auferlegtes Bußwerk auszuführen. Die Angehörigen der zweiten Gruppe waren oft schwer von denen der ersten zu unterscheiden, weil auch ihren Wallfahrten ein Element der Buße innewohnte; sie waren diejenigen, die eine so genannte *peregrinatio religiosa* antraten. Das war ein Akt der Frömmigkeit, dem man sich freiwillig unterzog und zu dem man sich möglicherweise vorher mit einem Gelübde verpflichtet hatte, der einem aber nicht von einem Beichtvater auferlegt worden war. Die dritte Gruppe wurde von jenen gebildet, die nach Jerusalem zogen, um dort bis zu ihrem Tod zu leben; die besondere Position, die der Stadt innerhalb des göttlichen Vorsehungsplans zukam, hatte zur Folge, daß fromme Christen an diesem Ort begraben werden wollten. Indem er für alle den Eid einführte sowie die Vorstellung von einem zur Buße unternommenen Krieg entwickelte – von der noch ausführlicher die Rede sein wird –, schuf Urban eine neue Art von Pilgerfahrt, die der *peregrinatio religiosa* insofern ähnelte, als sie freiwillig aus Frömmigkeit angetreten wurde, aber auch der Bußwallfahrt entsprach, da ihre Ausführung einem formellen Bußetun gleichkam und von Urban auch in den Kontext der Beichte gerückt wurde. Auf gewisse Weise jedoch überlebte das alte Muster. Es gab zu jeder Zeit Kreuzfahrer, denen es von ihren Beichtvätern auferlegt worden war, das Kreuz zu nehmen, und die deshalb mehr der ersten Art von Pilgern aus dem zwölften Jahrhundert ähnelten. Um 1200 wurde dann genau zwischen einem Kreuzzug unterschieden, zu dem man von einem Beichtvater genötigt worden war, und einem, den man, ungeheißen, aus Frömmigkeit antrat. Das Gelübde war allerdings Voraussetzung für jede Art von Kreuzzug geworden.

Büßer

Das bestimmende – und radikalste – Merkmal eines Kreuzzugs war, daß er zur Buße angetreten wurde. Mehrere Jahrhunderte lang hatte man mit dem Krieg bereits einen positiven Wert verbunden, und es war daher für Urban nicht schwer zu erklären, daß es eine gute, tugendhafte

Tat sei, als ein Streiter Christi für eine gerechte Sache zu kämpfen. Man bekunde damit seine Liebe sowohl für Gott, für den man kämpfe, wie auch für seine den Ostkirchen angehörenden Nächsten, die man zu befreien suchte. Er betonte – entsprechende Hinweise finden sich in allen Berichten über die von ihm gehaltenen Predigten – den Unterschied zwischen dem Ritter alten Schlags, der mit seinen Nachbarn im Streit lag, und dem Ritter neuen Stils, der um solch einer noblen Sache wegen in den Kampf zog:

Werdet nun Streiter Christi, ihr, die ihr vor kurzem noch Räuber wart. Führt jetzt rechtmäßigen Kampf gegen Barbaren, ihr, die ihr einst gegen Brüder und Blutsverwandte gestritten habt. [...] Jene waren die Feinde des Herrn, diese werden seine Freunde sein.

Welche große Wirkung dieser Vergleich des alten Ritters mit dem neuen auf die Gläubigen hatte, wird dadurch belegt, daß er ein Jahrhundert lang immer wieder von Kreuzzugpredigern aufgenommen wurde. Insbesondere Bernhard von Clairvaux stellte ihn in den Mittelpunkt seiner Ausführungen. Für ihn beging der alte Ritter Mord, gleichgültig ob er am Leben blieb oder selbst starb, den Sieg davontrug oder bezwungen wurde:

Wie lange noch werden eure Männer christliches Blut vergießen, wie lange noch werden sie untereinander kämpfen? Ihr greift einander an, ihr tötet einen anderen und von einem anderen werdet ihr getötet. Was ist dies für ein wildes Begehren in euch? Macht ihm jetzt ein Ende, denn es ist nicht Kämpfen, sondern Narrheit. Auf diese Weise sowohl Körper als auch Seele aufs Spiel zu setzen, ist nicht tapfer, sondern schimpflich, zeugt nicht von Stärke, sondern von Torheit. Doch jetzt, oh, ihr mächtigen Kämpfer, oh, ihr Krieger, habt ihr eine Sache, für die ihr ohne Gefahr für eure Seelen streiten könnt; eine Sache, für die den Sieg davonzutragen ruhmreich und für die zu sterben ein Gewinn ist.

Urban war aber noch weiter gegangen. Er hatte die Ansicht geäußert, daß ein Kreuzfahrer durch den Kampf in einem solchen Krieg Gnade, die Vergebung aller seiner Sünden erlangen könne, und man hätte sich kaum einen Ausdruck denken können, der einen gewichtigeren und nachhaltigeren Beiklang besaß, als dieses *remissio peccatorum*, das an die Definition der Taufe nach dem Nizäischen Glaubensbekenntnis denken ließ. Man hat die These aufgestellt, daß Papst Alexander II. der erste gewesen sei, der Kriegern einen Sündenerlaß gewährt habe, und zwar jenen Rittern, die 1063/64 ausgezogen waren, um Barbastro in Spanien zu belagern. Mittlerweile sind jedoch ernsthafte Zweifel daran geäußert worden, ob man die Worte Alexanders wirklich so auslegen kann. Erstmals mit Sicherheit zu belegen ist die Vorstellung von der Teilnahme an einem Krieg zum Zweck der Buße zwanzig Jahre später in einem Dialog zwischen Papst Gregor VII. und einer Gruppe von Gelehrten, die dem Gefolge der Gräfin Matilda von Tuscien angehören, einer der eifrigsten und kämpferischsten Anhängerinnen des Papstes. Diese Vorstellung hatte es in der Geschichte des Christentums bis dahin nicht gegeben, und sie war revolutionär, insofern sie das Kämpfen – was den Verdienst betraf, den man damit erwarb – auf eine Stufe mit dem Beten, dem Tun mildtätiger Werke und dem Fasten stellte. Gregor scheint argumentiert zu haben, daß das Kämpfen für eine gerechte Sache einen Akt des Bußetuns darstelle, weil es mit großer Mühsal verbunden sei und den Betreffenden großer Gefahr aussetze.

Damit wurde eine neue Kategorie des Kriegführens geschaffen. Das Führen von Kreuzzügen sollte eine Zeitlang nur eine von verschiedenen Manifestationen dieser neuen Art des Kämpfens sein – wenn auch die wichtigste. Wie soviele der radikalen Gedanken, die während des Investiturstreits an die Oberfläche sprudelten, wäre jedoch die Vorstellung, um der Buße willen in den Krieg zu ziehen, auf theologischer Basis nur schwer zu verteidigen gewesen. Es wäre nicht einfach gewesen, das Zufügen von Schmerz oder das Vernichten von Leben (mit der daraus resultierenden Deformation der inneren Veranlagung des Verursachers) als der Buße dienend zu rechtfertigen, nur weil derjenige, der es bewirkte, sich bei seinem Tun einer Gefahr aussetzte – wie unangenehm auch immer die Erfahrung für ihn sein mochte. Die Leistung Urbans sollte darin bestehen, der Vorstellung einen Kontext zu geben, in dem sie überzeugender präsentiert werden konnte; er stellte nämlich die Verbindung zu der charismatischsten aller möglichen Bußen her: der Wallfahrt nach Jerusalem.

Urbans Idee nahm die Vorstellungskraft der Zeitgenossen gefangen, wenn sie auch einige ranghohe Männer der Kirche wie Anselm von Canterbury und Ivo von Chartres besorgt gestimmt haben muß. Kreuzfahrer glaubten, daß sie sich einer Kampagne anschlossen, um einer Verpflichtung nachzukommen, und daß zumindest die tatsächliche Erfüllung dieser Verpflichtung einen Akt der Selbstbestrafung darstellte: Für einen ebensolchen Akt sah man aber die Buße an. Eine Atmosphäre der Reue herrschte bei ihren Unternehmungen vor, wodurch diese einen ganz anderen Anstrich hatten als die Kampagnen im Zusammenhang mit anderen heiligen Kriegen. Während, was letztere betrifft, der Soldat seinen Dienst erfüllte, indem er passiv dem Befehl Gottes gehorchte, wurde er im Fall der Kreuzzüge eingeladen, aktiv zu kooperieren: Alles hing ja von seiner Entscheidung ab, die Buße des Kämpfens auf sich zu nehmen. Das ist der Grund dafür, daß Bernhard und andere Prediger so ausführlich auf die Möglichkeiten eingingen, die ein Kreuzzug einem Sünder eröffnete:

> *[Gott] begibt sich selbst in eine Notlage oder gibt vor, in einer solchen zu sein, während er in Wirklichkeit dir in deiner Not helfen will. Er will, daß man ihn für den Schuldner hält, so daß er denjenigen, die für ihn kämpfen, einen Lohn zukommen lassen kann: die Vergebung ihrer Sünden und immerwährenden Ruhm. Aus diesem Grund habe ich euch eine gesegnete Generation genannt, euch, die ihr in eine Zeit geraten seid, die so reich ist an Vergebung, [eine Generation,] die in diesem Jahr lebt, das den Herrn so entzückt, wahrlich ein Jahr des Jubilierens.*

Man übertreibt nicht mit der Feststellung, daß ein Kreuzzug in der Frühzeit der Bewegung für den einzelnen Kreuzfahrer nur in zweiter Linie mit einem Waffendienst für Gott oder einem Fürstreiten für die Kirche oder die Christenheit zu tun hatte; in erster Linie trat er eine solche Unternehmung um seiner selbst willen an, denn die Teilnahme stellte einen Akt der Selbstreinigung dar.

Die Streiter Christi kämpften also, um Sühne für ihre Sünden zu tun und um der Errettung ihrer Seele willen. Sie waren – um die alttestamentlichen Bilder aufzugreifen, die von ihnen selbst ständig benutzt wurden – die Auserwählten, glichen den Israeliten bei der Durchquerung des Roten Meeres. Man erwartete von ihnen, daß sie ein Verhalten an den Tag legten und sich kleideten, wie es sich für Mitglieder der Heerscharen des Herrn geziemte. Erlasse von Päpsten wie auch von weltlichen Herrschern enthielten sogenannte »Aufwandsvorschriften«, mit denen Schlichtheit der Kleidung und Mäßigung im täglichen Leben verlangt wurde:

Und falls zu irgendeiner Zeit die Kreuzfahrer sich in die Sünde hinabsinken lassen sollten, so können sie rasch wieder aus ihr emporsteigen durch wahre Reue, indem sie Demut im Herzen und im Leib haben, sich mäßigen, sowohl was ihre Kleider als auch was ihre Speisen betrifft, Streit und Neid ganz und gar meiden, inneren Groll und Wut verbannen, so daß sie gestärkt durch geistige wie auch wirkliche Waffen mit dem Feind kämpfen können, sicherer im Glauben und nicht zu sehr auf ihre eigene Kraft setzend, sondern auf die Stärke Gottes vertrauend.

Die Skulptur eines Mannes und seiner Frau, die um die Mitte des zwölften Jahrhunderts geschaffen wurde und einst im Kreuzgang der Abtei von Belval in Lothringen stand, stellt den Mann in einfache Reisegewänder gekleidet dar, wenngleich sein Stab und seine Tasche – die Symbole des Pilgers – und das Kreuz, das vorn auf seinen Umhang genäht ist, anzeigen, daß es sich um einen Kreuzfahrer handelt.

Daß die Teilnahme an einem Kreuzzug als Bußwerk angesehen wurde, erklärt, warum es das herausragendste Merkmal eines jeden Kreuzzugs war, wie liturgisch er sich gestaltete – auch wenn es in seinem Verlauf zu den abscheulichsten Gewalttaten kam. Die ersten Kreuzfahrer begannen jede neue Etappe ihres Marsches barfuß und fasteten vor jeder größeren Schlacht. Im Juni 1099 zogen sie in einer feierlichen Prozession um die Stadtmauern von Jerusalem, das sich noch in den Händen der Muslime befand:

> *Die Bischöfe und die Priester, barfuß und in sakrale Gewänder gehüllt, mit Kruzifixen in den Händen, zogen von der Kirche St. Maria auf dem Berg Sion zu der Kirche des Protomärtyrers St. Stefan; sie sangen und beteten dabei, daß der Herr Jesus Christus seine heilige Stadt und sein Heiliges Grab erlösen möge. [...] Die Kleriker, auf diese Weise gekleidet, und die bewaffneten Ritter mitsamt ihrer Gefolgsleute schritten Seite an Seite einher.*

Daß die Teilnehmer fasteten und Prozessionen veranstalteten, war ein Merkmal eines jeden Kreuzzugs, jedoch fanden solche liturgischen Bußrituale nicht nur »draußen« im Feld statt. Die Kreuzfahrer wußten, daß, solange sie in der Fremde kämpften, aus ganz Westeuropa eine Säule aus Gebeten zum Himmel aufstieg – und zwar zum einen von Bittgebeten, die um der Kämpfer willen aufgesagt wurden, wie auch von Bußgebeten, denn eine Niederlage in diesem für Gott ausgefochtenen Krieg wäre ebenso sehr auf die Verfehlungen der Männer und Frauen an der Heimatfront zurückzuführen gewesen wie auf die der Krieger selbst. 1187 schrieb Papst Gregor VIII.:

> *Es ist uns allen auferlegt, in uns zu gehen und zu dem Entschluß zu gelangen, unsere Sünden gutzumachen, indem wir uns selbst züchtigen und uns mit Bußübungen und frommen Werken an den Herrn, unseren Gott, wenden; zuerst sollten wir in uns selbst berichtigen, was wir unrecht getan haben, und dann erst unsere Aufmerksamkeit der Niedertracht und der Boshaftigkeit des Feindes zuwenden.*

Schon im Jahr 1100 schrieb der Erzbischof von Reims an einen seiner Weihbischöfe, um die bevorstehende Eroberung Jerusalems durch die Kreuzritter anzukündigen und Anweisung zu geben, daß man in allen Pfarrbezirken für den Sieg beten, fasten sowie Spenden sammeln solle. 1213 wurde durch Papst Innozenz III. in den Ritus der Messe ein neues Element eingeführt. Vor dem *Pax vobiscum* sollten alle Gläubigen, Männer wie Frauen, sich auf den Boden werfen, während der 79. Psalm gesungen oder aufgesagt wurde: »Gott, es sind Heiden in dein Erbe eingefallen ...«. Dem sollte ein Gebet um die Befreiung des Heiligen Landes folgen. Die Einfügung solcher Fürbitten in die Liturgie war bald sehr verbreitet und gebräuchlich.

Der Ablaß

Katholiken glauben, daß einem Sünder nach der Beichte, der Absolution und der Ausführung der Taten, die eine solche Absolution verdienen, von der Kirche im Auftrag Gottes ein Erlaß aller oder eines Teils der Strafen gewährt werden kann, die die unvermeidliche Folge der Sünde sind. Wenn alle Strafen erlassen werden, spricht man von einem Plenarablaß. Der Erlaß bezieht sich nicht nur auf die Strafe, die von der Kirche selbst – für gewöhnlich vom Priester im Beichtstuhl – verhängt wird, sondern auch auf die zeitliche von Gott in dieser oder in der nächsten Welt verhängte Strafe. Eine Frage, die die Kreuzfahrer von Anfang an beschäftigte – und dann im dreizehnten Jahrhundert auch die Kirchenrechtler, die sich bemühten, die Sorgen der Ersteren einzudämmen –, war die, ob der Ablaß von dem Augenblick an in Kraft trat, in dem man das Kreuz nahm, oder erst nachdem man den Kreuzzug absolviert hatte; mit anderen Worten: Resultierte er aus dem Ablegen des Gelübdes oder aus der Ausführung dessen, zu dem man sich mit dem Gelübde verpflichtete? In dieser Frage zu einer Entscheidung zu kommen, war wichtig, denn von ihr hing ab, ob auch all jene Kreuzfahrer, die den Tod fanden, bevor sie ihr Gelübde vollständig erfüllt hatten – oder überhaupt erst begonnen hatten, es zu erfüllen –, sich Hoffnung auf himmlischen Lohn machen konnten. Thomas von Aquin war der Meinung, daß der genaue Wortlaut der päpstlichen Ablaßversprechen in diesen Zusammenhang ausschlaggebend sei. Wenn ein Ablaß all jenen zugestanden worden war, die das Kreuz nahmen, »um dem Heiligen Land beizustehen«, dann war das Ablegen des Gelübdes ausreichend für die Gewährung des Ablasses. Wenn auf der anderen Seite ein Ablaß expressis verbis jenen zugestanden worden war, die sich in den Orient begaben, dann war das Absolvieren des Kreuzzugs selbst die Bedingung, die erfüllt werden mußte, bevor der Ablaß in Kraft treten konnte. Man war jedoch keineswegs einhelliger Meinung, was diese Sache betraf.

Das Konzept des Ablasses in der uns heute bekannten Form hat sich erst im dreizehnten Jahrhundert voll entwickelt. Der Erste Kreuzzug wurde zu einer Zeit gepredigt, als die Lehren der Kirche bezüglich der Buße im Begriff waren, sich zu ändern. Im späten zehnten Jahrhundert hatte das karolingische Buß-Schema – Beichte, Sühne für die Sünde durch Buße und dann erst Aussöhnung mit Gott durch die Absolution – angefangen sich zu wandeln, und dieser Prozeß war durch die Einführung einer neuen Praxis begünstigt worden. Diese bestand darin, den Sünder sofort nach der Beichte mit Gott zu versöhnen, bevor er also Sühne tat, indem er das ausführte, was ihm zur Buße auferlegt worden war. Dies führte zu einer – im zwölften Jahrhundert von Hugo von St. Victor und Gratian gemachten – Unterscheidung zwischen der Schuld, die man mit der Sünde auf sich lädt und die dann mit der Aussöhnung – der Absolution – gelöscht wird, und der Strafe, die man für sie empfängt. Es ließ die Gläubigen aber auch besorgt über die Sühne werden, denn nach der im Beichtstuhl empfangenen Absolution spürten sie immer noch die Last einer Strafe auf sich ruhen. Diese Strafe konnte natürlich durch die Ausführung des einem Auferlegten »abgebüßt« werden, aber kein Priester würde mehr formell bestätigen, daß die Buße hinreichend gewesen sei. Und, was noch viel fundamentaler war, Entwicklungen der zeitgenössischen Theologie ließen in vielen Zweifel wach werden, ob irgendeine Buße, die sie als Menschen taten, Gott jemals voll zufriedenstellen könnte: Göttliche Strafen in dieser Welt oder in der nächsten vereinnahmten also ihr Denken viel mehr als zuvor. Sie bemühten sich, die Gnade Gottes zu erlangen, und sie hielten nach Werken Ausschau, die, obwohl sie nicht von ihnen selbst ausgeführt worden waren, zur Errettung ihrer Seelen beitragen könnten. Eine Folge war die Doktrin vom Schatzhaus der Kirche, derzufolge von Christus ein unerschöpfliches Guthaben an Verdiensten angehäuft worden war, aus dem die Kirche etwas zu Gunsten eines reuigen Sünders entnehmen konnte. Diese Doktrin wurde im dreizehnten Jahrhundert voll ausformuliert, existierte jedoch in unausgereifter Form schon viel früher.

Im späten elften Jahrhundert bestanden also zwei unterschiedliche Einstellungen gegenüber der Buße nebeneinander. Die erste – die alte – Ansicht war die, daß man mit einer Bußübung, wenn sie mühselig genug war – sechs Monate nur von Brot und Wasser zu leben, zu Fuß nach Rom zu pilgern –, eine Sünde vor Gott sühnen konnte. Die zweite war die, daß es zweifelhaft sei, ob irgendeine Buße jemals zur Sühne ausreichen könne, und der Sünder sich auf Gottes Gnade verlassen müsse, darauf also, daß dieser über die etwaige Unzulänglichkeit der Buße hinwegsehen und in jedem Fall die ehrerbietige Ausführung einer verdienstvollen Tat mit einer Strafbefreiung belohnen würde. Es war die erste Ansicht, die in den frühesten »Ablässen« Ausdruck fand, so auch in dem vollständigen Sündenerlaß, den Papst Urban II. 1095 den ersten Kreuzfahrern gewährte. Auf der Grundlage anscheinend widersprüchlicher Aussagen in Urbans Bullen – auf der einen Seite ist von einer Milderung der im Beichtstuhl auferlegten Buße die Rede, auf der anderen von einem Erlaß der Sünden – hat man die Theorie aufgestellt, daß die Prediger, die zum Kreuzzug aufriefen, weitergingen, als es in der Absicht Urbans gelegen hatte, oder daß möglicherweise der Papst selbst verwirrt gewesen sei. Es gibt jedoch in den Quellen keinerlei Hinweis darauf, daß die Zeitgenossen irgendwelche Widersprüche wahrnahmen. In der Verfügung des Konzils von Clermont, derzufolge »Derjenige, welcher allein aus Frömmigkeit, nicht um Ehre oder Geld zu gewinnen, sich nach Jerusalem begibt, um die Kirche Gottes zu befreien, durch diese Reise jegliche Buße ersetzen« konnte, und in Urbans scheinbar unterschiedslosem Gebrauch von »Erlaß aller Bußen« und »Erlaß aller Sünden« kam in der Tat dieselbe Idee zum Ausdruck, daß nämlich ein Kreuzzug als eine bewaffnete Wallfahrt nach Jerusalem eine so harte, anstrengende und gefährliche Übung war, daß er die Teilnehmer von den von ihnen begangenen Verfehlungen reinigte. Berichte über den Kreuzzug enthielten Aussagen wie die, daß die Kreuzfahrer von »ihren Sünden reingewaschen«, »geläutert und mit Gott versöhnt« würden oder auch »wiedergeboren« seien »durch die Beichte und durch die Buße, die man täglich durch die große Mühsal, der man sich unterzieht, tut«. Aus einer Erklärung der Motive Urbans, die vier Jahrzehnte später von dem Historiker Orderic Vitalis gegeben wurde, wird klar, daß der Papst, indem er Befreiung von *allen* Bußen – vermutlich von jenen, die in der Vergangenheit nicht vollständig abgeleistet worden waren, wie auch von solchen, die unter Umständen am Vorabend des Kreuzzugs noch in den Beichtstühlen verhängt wurden – oder Erlaß *aller* Sünden gewährte, mit großer Bestimmtheit erklärte, daß ein Kreuzfahrer vor Gott seine Verfehlungen hinreichend sühnte, indem er an einem solchen schweren Bußwerk teilnahm.

Das Papsttum ist, was alle Lehrmeinungen betrifft, generell konservativ gewesen, und die zunehmend unzeitgemäß werdende Vorstellung, daß ein Kreuzzug aufgrund seiner Härte eine hinreichende Buße darstelle, um Gott Genugtuung zu leisten, wie auch die Überzeugung, daß der Papst solches kraft einer autoritären Erklärung verfügen könne, herrschte im Denken der Kirchenoberhäupter fast bis zum Ende des zwölften Jahrhunderts vor. Noch 1187 schrieb Papst Gregor VIII. in der Bulle *Audita tremendi*, mit der der Dritte Kreuzzug in Gang gesetzt wurde:

> *denjenigen, die mit Reue im Herzen und Demut im Geiste sich der Mühsal dieser Fahrt unterziehen und zur Buße ihrer Sünden und im rechten Glauben sterben, versprechen Wir vollständiges Nachsehen ihrer Verfehlungen und ewiges Leben; ob sie nun überleben oder sterben, sollen sie wissen, daß sie durch die Gnade Gottes und kraft der Autorität der Apostel Peter und Paul sowie Unserer Autorität eine Milderung der Sühne erhalten sollen, die ihnen für alle ihre Sünden auferlegt wurde, die sie gebeichtet haben, so wie es sich geziemt.*

Daß dies eine – von ihrer Art her altmodische – Zusicherung war, daß der Bußcharakter dieses Werks ausreichend sein würde, wurde von dem zeitgenössischen Apologeten Peter von Blois unterstrichen, indem er schrieb:

> *mit Hilfe des dem Apostel Petrus verliehenen Privilegs und mit Hilfe der allgemeinen Autorität der Kirche hat der Herr dieses Zeichen [das Kreuz] zu einem Mittel der Versöhnung bestimmt; so daß die Übernahme der Verpflichtung, nach Jerusalem zu reisen, die höchste Form der Buße und ausreichende Sühne für begangene Sünden sein soll.*

Die zweite Ansicht, die sich zunehmend durchsetzte, daß die Sühne nie angemessen ausfallen könne, Gott in seiner Gnade aber eine unzureichende Buße so ansehen könne, als ob sie genüge, und daß vom Papst im Namen Gottes ein freier und großzügiger Erlaß aller Strafen – in gewisser Weise unabhängig von der Art des ausgeführten Bußwerks – gewährt werden könne, kam bereits implizit in den Aussagen Bernhards von Clairvaux zur Zeit des Zweiten Kreuzzugs zum Ausdruck:

> *Nehmet das Zeichen des Kreuzes, und der höchste Pontifex, der Stellvertreter von dem Mann, zu dem gesagt wurde ›Was ihr auf Erden lösen werdet, soll auch im Himmel los sein‹, bietet dir vollen Erlaß aller Sünden, die du mit reuigem Herzen gestehest.*

In Papst Eugens III. *Quantum praedeccesores* wird in ähnlicher Weise weniger auf die Notwendigkeit der Sühne von Sünden eingegangen, als vielmehr die Barmherzigkeit Gottes betont sowie auf die Möglichkeit, Belohnungen zu erlangen, verwiesen, und möglicherweise wurde diese Bulle unter Bernhards Einfluß verfaßt:

Kraft der Autorität des allmächtigen Gottes und der des Seligen Petrus, des Fürsten unter den Aposteln, die uns von Gott verliehen wurde, gewähren wir Erlaß der Sünden und Absolution von ihnen, wie beides von unserem schon genannten Vorgänger [Urban II.] eingeführt wurde, so daß wer auch immer voller Frömmigkeit eine so heilige Fahrt antritt und zu Ende führt, oder aber auf ihr stirbt, Absolution von allen seinen Sünden erlangen wird, die er mit reuigem und demütigem Herzen gebeichtet hat; und er wird die Frucht ewig währender Vergeltung von dem empfangen, der alle belohnt.

Die Auffassung von Bernhard und Eugen stellte jedoch vor dem Pontifikat von Innozenz III. die Ausnahme dar. Voll entwickelt erscheint das Konzept des Ablasses zum ersten Mal in Innozenz' Bulle *Post miserabile*, mit der 1198 der Vierte Kreuzzug proklamiert wurde, und von da an machten sich die Päpste diese Idee definitiv zu eigen:

Auf die Gnade unseres Gottes vertrauend wie auf die Autorität der heiligen Apostel Peter und Paul, kraft der Macht zu binden und zu lösen, die Uns Gott verliehen hat, obschon Wir unwürdig sind, gewähren Wir allen, die sich dieser Mühsal persönlich wie auch auf ihre eigenen Kosten unterziehen, volle Vergebung ihrer Sünden, die mit ihrer Stimme und in ihrem Herzen zu bereuen sie veranlaßt worden sind, und als Belohnung für die Gerechten versprechen Wir ihnen einen größeren Anteil an ewigem Heil.

Als vollkommen eindeutige Zusicherung göttlicher Belohnung machten diese Zeilen großen Eindruck. Der Kreuzfahrer Gottfried von Villehardouin schrieb:

da der Ablaß so erheblich war, wurden die Herzen der Menschen heftig bewegt, und viele nahmen das Kreuz, weil der Ablaß so immens war.

Und was Jakob von Vitry in einer seiner einige Jahre später gehaltenen Predigten über den Ablaß sagte, wurde in den Jahrhunderten danach zahllosen Versammlungen von katholischen Gläubigen ganz ähnlich von der Kanzel herab verkündet:

Zweifelt in keiner Weise daran, daß diese Pilgerfahrt nicht nur euch Erlaß der Sünden und den Lohn des ewigen Lebens einbringen wird, sondern daß sie auch euren Ehefrauen, Söhnen, Eltern, ob sie leben oder gestorben sind, vieles bieten wird [...]. Dies ist der allumfassende und vollständige Ablaß, den der höchste Pontifex, kraft der Schlüssel, die ihm von Gott anvertraut worden sind, euch zugesteht.

Märtyrer

In derselben Predigt referierte Jakob von Vitry, welche Auswirkung nach Meinung der Propagandisten der Kirche der Tod des Kreuzfahrers im Kampf für diesen hatte:

Kreuzfahrer, die voll wahrer Reue sind und gebeichtet haben, die mit umgegürtetem Schwert im Dienste Gottes stehen und dann im Dienste Christi sterben, sind wahrlich zu den Märtyrern zu zählen, befreit sowohl von den läßlichen wie von den Todsünden und von jeglicher auferlegter Buße, freigesprochen von den für Sünden verhängten Strafen in dieser Welt, von der Strafe des Fegefeuers in der nächsten, sicher vor den Qualen von

Gehenna, gekrönt mit Ruhm und Ehre in ewiger Seligkeit.

Theoretisch benötigt ein Märtyrer keinen Ablaß, weil das Hergeben des eigenen Lebens aus Liebe zu Gott und den Nächsten immer als ein Opfer angesehen worden ist, das den Betreffenden unverzüglich von jeder Sündhaftigkeit reinigt. Jedoch waren der traditionellen Auffassung nach Märtyrer heroische Christen, die um ihres Glaubens willen passiv den Tod erduldet hatten, und die – vom neunten Jahrhundert an zum Ausdruck gebrachte – Überzeugung, daß diejenigen, die ihr Leben in einem heiligen Krieg verloren, ebenfalls den Märtyrertod erlitten, mußte daher Gegenstand einer Debatte werden; es war wenig wahrscheinlich, daß die innere Gestimmtheit eines Mannes, der sich in einem Kampf befindet, altruistisch und heitergelassen ist. Dennoch setzte sich die Auffassung, daß es Krieger-Märtyrer gebe, im elften Jahrhundert weiter durch, und Papst Leo IX. erweiterte die neue Definition von Märtyrer noch dadurch, daß er auch jene einbezog, die einfach nur bei der Verteidigung einer gerechten Sache starben. Er tat dies, indem er vom »Märtyrertum« derjenigen sprach, die ihr Leben verloren hatten, als seine Truppen 1053 in der Schlacht von Civitate von den Normannen geschlagen worden waren.

Es wurde üblich, Kreuzfahrern in Predigten, Traktaten und Chroniken zu versichern, daß ihr Tod im Feld ein Märtyrertod sein werde. Die Aussicht auf sofortigen Einlaß ins Paradies wurde ihnen von Propagandisten wie Bernhard von Clairvaux vor Augen geführt:

Gehet denn hin in Sicherheit, ihr Ritter, und vertreibt ohne Furcht die Feinde des Kreuzes Christi, in der Gewißheit, daß weder Tod noch Leben euch von der Liebe

Gottes abtrennen kann, die in Jesus Christus ist. [...] Wie ruhmreich sind die, die siegreich aus der Schlacht zurückkehren! Wie glücklich sind die, die in der Schlacht als Märtyrer fallen! Freuet euch, ihr tapferen Hünen, wenn ihr überlebt und Sieger im Herrn seid; aber freuet euch noch mehr und seid noch glücklicher, wenn ihr sterbt und mit dem Herrn vereint werdet. Denn euer Leben ist fruchtbar und euer Sieg ruhmreich. Doch euer Sterben [...] ist fruchtbarer und ruhmreicher. Denn wenn jene, die im Herrn leben, gesegnet sind, um wieviel mehr sind es dann die, die für den Herrn sterben!

In Propagandaschriften und Kreuzzugspredigten von diesem Märtyrertum zu sprechen, war jedoch eine Sache. Eine ganz andere war es, mit Bestimmtheit zu erklären, daß Menschen, deren innere Verfassung zum Zeitpunkt ihres Todes völlig unbekannt war, jetzt im Genuß ewiger Seligkeit waren. Obwohl die Gräber einiger weniger Kreuzfahrer zu kultisch verehrten Heiligtümern wurden, wurden diese niemals offiziell als Heilige anerkannt, weil sie im Kampf für Gott gefallen waren, und ihrer wurde auch nicht in liturgischen Kalendern gedacht. Im frühen vierzehnten Jahrhundert brachte der Kreuzzugsveteran Johann von Joinville mit heftigen Worten seine Enttäuschung darüber zum Ausdruck, daß König Ludwig IX. von Frankreich, der 1270 vor Tunis das Leben verloren hatte, nicht als Märtyrer, sondern als »Bekenner« kanonisiert worden war. Mit der Gewährung von Ablässen befand die Kirche sich auf sicherem Boden, da der damit versprochene Erlaß von Sünden von verschiedenen Faktoren abhing – vom aufrichtigen Bekennen der Sünden, von wahrhaftiger Reue und von Altruismus –, über die die Kirche keine Kontrolle hatte und über die sie kein Urteil abzugeben hatte. Dennoch war der Glaube, daß gefallene Kreuzfahrer Märtyrer waren, so weit verbreitet, daß sogar ranghohe Kirchenleute sich manchmal in der Öffentlichkeit dieser Meinung anschließen, das heißt ein entsprechendes Lippenbekenntnis ablegen mußten.

Privilegien

Wenn jemand das Kreuz nahm, hatte das Konsequenzen für seinen Status und für die Rechte, die er genoß. Er wurde, wie wir schon gesehen haben, vorübergehend zu einem Geistlichen, der den kirchlichen Gerichten unterstand. Das Gelübde, das er abgelegt hatte, war ein Mittel, mit dem sein spontaner Enthusiasmus in eine rechtlich bindende Verpflichtung überführt werden konnte. Und die Erfüllung dieser Verpflichtung konnte von den geistlichen Richtern erzwungen werden, vor denen er sich nun zu verantworten hatte. Schon zur Zeit des Ersten Kreuzzugs waren die Päpste durchaus willens, diejenigen zu exkommunizieren, die es versäumten, die Werke zu verrichten, deren Ausführung sie versprochen hatten. Die Gerichte der Kirche legten pflichtvergessenen Kreuzfahrern die Sanktionen der Kirche – Exkommunikation, Interdikt, Suspension – auf oder drohten zumindest damit, dies zu tun. Auf der anderen Seite jedoch kamen Männer und Frauen in den Genuß bestimmter Privilegien, wenn nicht schon sofort, nachdem sie das Kreuz genommen hatten, dann auf jeden Fall, sobald sie begonnen hatten, ihr Versprechen wahr zu machen. Abgesehen von dem Ablaß, den sie erhielten, und dem Anrecht, von den Gebeten zu profitieren, die von der Gesamtheit der Gläubigen für sie an Gott gerichtet wurden – wobei letzteres rein technisch kein Privileg war –, beliefen sich diese Vorrechte auf Sonderstellungen in bezug auf die Operationen der weltlichen Gerichtshöfe und auf Aufforderungen an diese Gerichtshöfe, zu ihren Gunsten tätig zu werden. Die Vorrechte der Kreuzfahrer können in solche unterteilt werden, die ihnen das Leben in einer Welt juristischer Finessen und Spitzfindigkeiten erleichterten, und solche, die von den Privilegien, die man früher Pilgern gewährt hatte, abgeleitet waren oder diese erweiterten.

Ein Privileg der ersten Gruppe war die an einem Kreuzzug teilnehmenden Klerikern eingeräumte Erlaubnis, eine Zeitlang weiter die Einnahmen aus ihren Pfründen zu beziehen, auch wenn sie abwesend waren, oder ihre Ansprüche auf sie als Sicherheit für ein Darlehen zur Finanzierung ihrer Fahrt einzusetzen. Auf dieses Privileg stößt man bereits im zwölften Jahrhundert, es wurde allerdings von päpstlicher Seite erst im dreizehnten voll und ganz bestätigt. Die übrigen Vorrechte dieser Art wurden von dem Pontifikat Innozenz III. an gewährt und lassen sich, so wie sie Mitte des dreizehnten Jahrhunderts üblich waren, wie folgt summarisch darstellen: Befreiung von der Exkommunikation aufgrund der Kreuznahme; Erlaubnis während des Kreuzzugs mit Exkommunizierten Umgang zu haben, ohne dafür gerügt zu werden; das Recht, nicht außerhalb der Diözese, der man angehörte, vor Gericht geladen zu werden; Befreiung von den Folgen eines Interdikts (dem Verbot, kirchliche Amtshandlungen vorzunehmen); Anspruch auf einen persönlichen Beichtvater, der oft die Vollmacht besaß, den Beichtenden von Verfehlungen freizusprechen und ihm Vergebung für seine Sünden zu gewähren; schließlich das Recht, ein Kreuzzuggelübde als vollwertigen Ersatz für ein früher abgelegtes, aber nicht erfülltes Gelübde zu werten.

Die Privilegien, die die zweite Gruppe ausmachen, sind wichtiger. Zur Zeit des Ersten Kreuzzugs waren Pilger auf dieselbe Weise wie Kleriker den kirchlichen Gerichten und nicht den weltlichen unterstellt; sie waren vor Angriffen auf ihre Person geschützt; sie erhielten die Zusicherung, daß ihnen Ländereien oder Besitztümer, die andere während ihrer Abwesenheit vielleicht an sich gebracht hatten, zurückerstattet würden; sie konnten von der Kirche gastliche Aufnahme fordern; sie waren in der Theorie von Zöllen und Steuern befreit und von einer Verhaftung ausgenommen; und sie besaßen möglicherweise bereits das Anrecht, daß juristische Verfahren, in die sie verwickelt waren, bis zu ihrer Rückkehr ausgesetzt wurden. Kreuzfahrer genossen von Anfang an dieselben Privilegien. Da sie vorübergehend Männer der Kirche waren, waren sie in fast allen Angelegenheiten dem kanonischen Recht unterworfen und der weltlichen Rechtsprechung größtenteils entzogen, und zwar in allen Streitfällen, zu denen es gekommen war, nachdem sie das Kreuz genommen hatten. In Clermont hatte Papst Urban ihnen den Schutz der »Waffenruhe Gottes« zukommen lassen, und auch später betonten die Päpste, daß die Sicherheit ihrer Personen gewährleistet werden würde. Während ihrer Abwesenheit würden überdies ihre Familie und ihr Besitz von der Kirche behütet werden. Bereits im zwölften Jahrhundert wurden Richter der Kirche aufgrund dieser Zusicherungen im Interesse von Kreuzfahrern aktiv, und auf dem Ersten Laterankonzil wie auch in der Bulle *Quantum praedecessores* wurden die entsprechenden juristischen Prinzipien bekanntgegeben, deren Gültigkeit in der Folgezeit immer wieder aufs neue bestätigt werden sollte:

Und wir verfügen, daß ihre Frauen und ihre Kinder, ihr Hab und Gut unter dem Schutz der Heiligen Kirche stehen sollen, unter Unserem Schutz und dem der Erzbischöfe, Bischöfe und anderer Prälaten der Kirche Gottes.

Und kraft Unserer apostolischen Autorität verbieten Wir, daß danach irgendeine rechtliche Klage angestrengt wird, die ein Besitztum betrifft, das sie friedlich ihr eigen nannten, als sie das Kreuz nahmen, bis es vollkommen sichere Kunde von ihrer Rückkehr oder ihrem Tode gibt.

Papst Gregor VIII. schrieb 1187 an den Kreuzfahrer Hinco von Serotin:

Da Ihr [...] das Zeichen des Kreuzes angelegt habt und beabsichtigt, zur Unterstützung des Heiligen Landes auszuziehen, stellen [...] Wir unter den Schutz des heiligen Petrus und Unserer selbst Eure Person mitsamt Euren Angehörigen und jenen Besitztümern, die Ihr gegenwärtig berechtigterweise Euer eigen nennt, [...] und erklären, daß sie allesamt unvermindert bleiben und zusammengehalten werden sollen, von Eurem Aufbruch auf die Pilgerfahrt in die Länder jenseits des Meeres an bis zu der Zeit, da Eure Rückkehr oder aber Euer Tod mit größter Gewißheit bekannt ist.

Die Kirche selbst kontrollierte vermittels der Bischöfe oder – im Fall einiger besonders bedeutender Kreuzfahrer – vermittels besonderer Beauftragter, die man *conservatores crucesignatorum* nannte, daß deren Ländereien tatsächlich geschützt wurden. Es war auch üblich, vor allem in England, wo die Krone oft als Wächter über ihren Besitz auftrat, daß Kreuzfahrer gesetzliche Vertreter ernannten, die ihre Interessen in der Zeit ihrer Abwesenheit verteidigen sollten. Die Teilnehmer an Kreuzzügen erhielten auch das Anrecht auf *essoin*, einen Aufschub, was die Leistung bestimmter Dienste betraf, und juristische Verfahren, in die sie in irgendeiner Form involviert waren, wurden bis zu ihrer Rückkehr ausgesetzt. Außerdem konnten sie fordern, daß in einem schwebenden, sie betreffenden Verfahren schnell eine Entscheidung gefällt wurde, wenn sie dies begehrten. Sie durften die Teilnahme an dem Kreuzzug als Rückgabe eines von ihnen gestohlenen Gegenstands werten, hatten das Recht, Lehen oder andere Besitztümer, die normalerweise unveräußerbar waren, zu verkaufen oder zu beleihen. Solange sie auf dem Kreuzzug waren, wurden ihnen ihre Schulden gestundet, und sie mußten keine Zinszahlungen leisten; außerdem waren sie von Zoll- und Steuerabgaben befreit.

Wer waren die Kreuzfahrer?

Zwei Merkmale des Kreuzzuggelübdes waren, daß jeder es ablegen konnte, gleichgültig, welchem Geschlecht er angehörte oder welchem Beruf er nachging, und daß man die Handlung, zu der man sich verpflichtete, nur für eine begrenzte Zeit ausführte: Laien wie Priester ließen also ihre normale Tätigkeit für eine kürzere Zeitspanne ruhen, um sich auf einen Kreuzzug zu begeben. Die Anziehungskraft der Kreuzzüge war nicht auf die Mitglieder einer bestimmten Klasse beschränkt. Ich bin bereits auf die großen Scharen von Nicht-Kämpfern eingegangen, die sich den ersten Kreuzheeren anschlossen und die man nicht darin hindern konnte mitzuziehen, weil die Kreuzzüge als Pilgerfahrten galten und die Teilnahme daher grundsätzlich allen offenstand. Die im frühen dreizehnten Jahrhundert eingeführte Möglichkeit, sich für eine kleine Summe eine Redemption, eine Ablösung zu erkaufen, schuf diesbezüglich ein wenig Abhilfe. Größere Auswirkung hatte die neue Praxis, die Kontingente der Kreuzfahrer mit Schiffen in Richtung Orient zu transportieren: Ein Marsch über Land verlangte den Armen nur physische Anstrengungen ab, sie benötigten dazu nichts anderes als ihre Füße, für den Transport über das Meer fielen aber Fahrtkosten an, und das Geld dafür konnten die wenigsten von ihnen aufbringen. Die Massen verschwanden aber nie ganz von der Bühne, und im fünfzehnten Jahrhundert, als die Türken über den Balkan nach Westeuropa vordrangen, wurden von berühmten Kreuzzugspredigern wie Johann von Capistrano ganz gezielt aus Mittellosen bestehende Streitmächte aufgestellt.

Eine wichtige Rolle spielten auch Handwerker, Kaufleute und Bürger jeder Art und sogar Verbrecher. Die Strafen, zu denen letztere verurteilt worden waren, konnten umgewandelt werden, wenn sie an einem Kreuzzug teilnahmen oder sich bereit erklärten, im Heiligen Land zu siedeln. Im späten zwölften Jahrhundert unternahm man in England Versuche, Kreuzfahrer, die in bestimmten Bezirken ansässig waren, in Listen zu erfassen. In Lincolnshire kamen sie fast alle aus den Kreisen der Armen, und unter ihnen waren ein Schreiber, ein Schmied, ein Abdecker, ein Töpfer, ein Fleischer und ein Weinhändler. In der Erzdiözese Cornwall waren 43 Kreuzfahrer registriert, darunter waren ein Schneider, ein Schmied, ein Schuster, zwei Kaplane, ein Kaufmann, ein Müller und zwei Gerber. Auch zwei Frauen gehörten zu der Schar. 1250 hatte das Schiff *St. Victor*, das von Frankreich in Richtung Orient segelte, 453 Kreuzfahrer an Bord, von denen 14 Ritter und Anführer von Kontingenten und 90 deren Gefolgsleute waren. Auch sieben Kleriker waren dabei. Die restlichen 342 Passagiere waren nichtadeliger Abkunft, und die Zunamen einiger von ihnen lassen vermuten, daß sie zur Klasse der Bürger gehörten. 42 von ihnen waren weiblichen Geschlechts; 15 dieser Frauen begleiteten ihre Ehegatten, während eine zusammen mit ihrem Vaters unterwegs war und zwei weitere in der Gesellschaft ihrer Brüder reisten.

Der Teilnehmer an einem Kreuzzug konnte alleine unterwegs sein; wenn er von ritterlichem Stand war, war er jedoch meist von Gefolgsleuten wie Pferdeknechten und Schildknappen umgeben. Einflußreiche Persönlichkeiten oder Großgrundbesitzer wurden von allen Mitgliedern ihres Haushalts begleitet, der sich manchmal aus zahlreichen Personen zusammensetzte. Als der hochgestellte Adelige Eudes von Burgund, Graf von Nevers und Herr von Bourbon, im Juli 1266 in Palästina starb, standen in seinem Dienst: vier Ritter, drei Kaplane, sieben Schildknappen, neun Sergeanten, zweiunddreißig Diener, fünf Armbrustschützen und vier Turkopolen (Soldaten, die zur Hälfte türkischer, syrischer oder armenischer Abstammung waren). Vettern reisten häufig zusammen, ebenso Ritter oder Bürger, die aus demselben Bezirk oder derselben Stadt kamen. Die italienischen Städte Asti und möglicherweise – Siena wählten Kommandanten für die aus ihren Einwohnern bestehenden Kontingente. Auf die Initiative einer bedeutenden Persönlichkeit, eines kirchlichen Würdenträgers oder manchmal auch der Bürger einer Stadt in Europa hin schlossen sich die Kreuzfahrer des betreffenden Ortes manchmal auch zu einer Bruderschaft zusammen; das war eine religiöse Vereinigung in ihrer einfachsten Form, die sich indes der Verteidigung des Christentums verschrieben hatte. Bereits 1122 war eine spanische Bruderschaft an der Reconquista beteiligt, und eine andere wurde in Toulouse von dem dortigen Bischof begründet, um die Feldzüge gegen die Albigenser zu unterstützen. Bruderschaften aus Spanien, Pisa, der Lombardei und der Toskana, aus England und dem französischen Châteaudun unterhielten im Orient Verbände von Bewaffneten, die den *milites ad terminum* ähnelten, und die Kommandanten dieser Verbände spielten eine wichtige Rolle in der Politik des Königreichs Jerusalem.

Es war von essentieller Bedeutung, daß eine Person die unangefochtene Führerschaft über ein Kreuzheer innehatte, doch kam dies in der Praxis nur sehr selten vor. Ich habe schon darauf hingewiesen, daß es den Vertretern des Papstes durch das Kirchenrecht untersagt war, die Position von Heerführern zu bekleiden. Wenn ein König wie Ludwig VII., Philipp II. oder Richard I. oder ein Mann von herausragender Bedeutung wie Thibaut von Champagne oder Lord Edward von England dabei war, dann war es nur natürlich, daß er das Kommando übernahm, doch wenn zwei Könige an derselben Unternehmung teilnahmen, dann konnte keiner von ihnen es zulassen, daß er gegenüber dem anderen in eine untergeordnete Position geriet: Auf dem Dritten Kreuzzug sträubten die französischen Soldaten sich hartnäckig, sich dem Oberbefehl Richards von England zu unterstellen, auch als Philipp von Frankreich das Heer wieder verlassen hatte. Es war ganz üblich, daß Gruppen von Kreuzfahrern, die durch die Umstände zusammengeführt worden waren oder aus derselben Region stammten, ihre eigenen Hauptleute wählten. Solche Männer wurden vielleicht nur vorübergehend mit dem Kommando betraut – sofort nach seiner Ankunft in Ägypten wählte das erste Kontingent der Kreuzfahrer des Ersten Kreuzzugs jemanden, der sie führen sollte, bis der Rest des Heeres eingetroffen war –, doch es gab auch fest ernannte, das heißt für die Dauer der ganzen Kampagne gewählte Kommandanten. Dieses Verfahren, das während des Ersten Kreuzzugs erprobt worden war und versagt hatte, wurde bei der Planung des Vierten Kreuzzugs wieder aufgenommen, als Bonifazius von Monferrat zum Anführer erwählt wurde, und auch bei Beginn des Fünften Kreuzzugs, denn als sie sich zum Aufbruch versammelten, wählten die Teilnehmer aus dem Rheinland und den Niederlanden Wilhelm von Holland zu ihrem Hauptmann und Georg von Wied zum Zweiten Kommandierenden. Nach ihrer Ankunft in Ägypten scheinen die Kreuzfahrer sich je nach ihrer nationalen Zugehörigkeit zu Gruppen zusammengetan zu haben. Die aus Deutschland stammenden wählten offenbar Adolf von Berg zu ihrem Anführer; nach dessen Tod im Jahr 1218 wurde Georg von Wied zu seinem Nachfolger berufen. Es war ohne Zweifel wichtig, daß jemand von adeligem Stand mit einem solchen Amt betraut wurde.

Mangels einer eindeutigen und unumstrittenen Führerschaft wurde jedes Kreuzheer von einem Komitee befehligt, das aus den Fürsten von hohem Rang und dem päpstlichen Legaten bestand. Es war schwierig, diese oft stolzen und schnell verletzten Männer dazu zu bringen, sich darüber zu einigen, wie man vorgehen sollte, zum Teil auch deswegen, weil sie selbst nie unabhängig von ihren eigenen Untergebenen Entscheidungen fällen konnten, die, wie sie selbst, keine zwangsweise eingezogenen Rekruten waren und auch keine Vasallen, die Lehnsdienst ableisteten, sondern Freiwillige. Wenn die weniger hohen Adeligen und die Ritter nicht durch Familienbande mit den großen Fürsten verbunden waren oder dadurch, daß sie in der Heimat zu ihrer Gefolgschaft gehörten, dann dienten sie nur in deren Kontingenten, weil sie sich davon eine bessere Versorgung für ihre eigenen Leute erwarteten. Sie konnten ihre Loyalität leicht auf einen anderen Herrn übertragen oder sogar aus dem Kreuzheer ausscheren, wenn sie glaubten, nicht gut genug geführt zu werden. Alle frühen Kreuzzüge waren von einem unaufhörlichen Aufkündigen alter Allianzen und Eingehen von neuen Bindungen gekennzeichnet; die rangniedrigeren Adeligen wechselten von einem Kontingent zum anderen über, einzelne Männer und auch ganze Gruppen von Kämpfern stießen zu einem bestimmten Teil des Heeres, um einige Zeit später wieder aus ihm auszuscheiden. Bevor irgendwelche Entscheidungen getroffen werden konnten, die für das ganze Heer verbindlich waren, mußten die Großen die Komitees ihrer eigenen Gefolgsleute zusammenrufen, um mit ihnen zu diskutieren. Man fragt sich, wie unter diesen Umständen überhaupt Entscheidungen gefällt werden konnten. Im dreizehnten Jahrhundert verbesserte sich die Disziplin, und zwar aufgrund der Entscheidung des Heiligen Stuhls, große Summen Geldes durch die Besteuerung der Kirche aufzubringen, die dann den militärischen Führern des Kreuzheeres zugeteilt wurden. Dieses System lieferte die Möglichkeit, die Kreuzfahrer über ihre Kommandanten zu unterstützen und sie auf diese Weise stärker an die Befehlshaber zu binden. Die Unabhängigkeit der Teilnehmer, die sich aus der Tatsache ableitete, daß das Kreuzzuggelübde freiwillig abgelegt wurde, bedeutete jedoch, daß die Adeligen nie sehr gefügig waren.

Kreuzfahrer, die aus so vielen verschiedenen Lebensbereichen stammten, müssen natürlich auch sehr viele verschiedene Gründe gehabt haben, das Kreuz zu nehmen, und ihre Motive sind, seitdem die Bewegung begann, Gegenstand einer Debatte gewesen. Eine weit verbreitete, stark verallgemeinernde Ansicht ist heute, daß sie durch die Aussicht auf materiellen Gewinn angezogen wurden, wobei dieser sich entweder durch eine Kolonialisierung eroberter Gebiete oder aber auch einfach durch das Einsacken von Beute ergeben konnte. Doch obwohl der Erste Kreuzzug jenen Prozeß in Gang setzte, in dessen Verlauf Westeuropäer viele Küstenstriche des östlichen Mittelmeers eroberten und besiedelten, ist es sehr unwahrscheinlich, daß eine solche »Landnahme« von Beginn an geplant war: Die meisten Kreuzfahrer kehrten in die Heimat zurück, nachdem sie Jerusalem eingenommen hatten, und Kolonisten wanderten erst in die Region ein, nachdem sie erobert worden war. Da es kein funktionierendes Versorgungssystem gab, mußten die frühen Kreuzfahrer sich selbst Nahrung verschaffen, um am Leben zu bleiben, was ihren Hang zu plündern erklärt, doch jede Beute, die man gegen Ende der Unternehmung machte, wäre wohl auf dem Rückweg in die Heimat aufgebraucht worden, selbst wenn man einmal davon ausgeht, daß die Männer Möglichkeiten hätten finden können, etwas davon mitzunehmen. Es herrscht allgemeine Übereinstimmung darüber, daß materielle und ideologische Beweggründe einander nicht ausschließen, und es wäre absurd zu behaupten, daß niemand glaubte, in materieller Hinsicht Nutzen aus der Teilnahme an einem Kreuzzug ziehen zu können – allein das hinzugewonnene Prestige verschaffte einem daheim konkrete Vorteile –, doch haben für die Behauptung, daß die Kreuzfahrer vor allem um des Profits willen ausgezogen seien, immer nur unzureichende Belege existiert, und je mehr wir über die Bewegung in Erfahrung bringen, desto weniger vermag diese These zu überzeugen. Vom Wissensstand des zwanzigsten Jahrhunderts aus bietet sich als eine andere mögliche Erklärung für die große Anziehungskraft der Kreuzzüge an, daß Familien, die immer größer wurden und besorgt über die Belastung waren, die dadurch für ihre Besitzungen entstand, Gegenmaßnahmen ergriffen, indem sie unerwünschte männliche Angehörige zwangen oder ermunterten, ihr Glück anderswo zu suchen – und die Kreuzzüge boten diesen überzähligen Familienmitgliedern ein Betätigungsfeld.

In der Realität war jedoch die Teilnahme an einem Kreuzzug alles andere als ein ökonomisches Sicherheitsventil – im Gegenteil: Sie verlangte den Familien von Freiwilligen in finanzieller Hinsicht ungeheuer viel ab. Die einzige Gegenstrategie, für die es Belege gibt, bestand darin, daß sich die ganze Sippe zusammenschloß, um den finanziellen Schaden für den einzelnen in Grenzen zu halten, sobald ein Verwandter das Kreuz genommen hatte. Die Kosten, die jedem, der beschloß, auf Kreuzzug zu gehen, entstanden, waren niederdrückend, und sie stiegen im Laufe der Zeit unaufhaltsam, was, wie wir schon gesehen haben, erklärt, warum die Kirche und weltliche Herrscher darum bemüht waren, Kreuzfahrern eine finanzielle Unterstützung zukommen zu lassen. Jemand, der meinte, daß man mit den Feldzügen in den Orient viel verdienen könnte, kann nicht recht bei Verstand gewesen sein, und während natürlich die Bedingungen auf der iberischen Halbinsel und im Baltikum anders waren als im Orient und einige Kreuzfahrer vielleicht stärker daran interessiert waren, in diesen Gebieten zu siedeln, kehrten auch von dort die meisten nach dem Ende der Kämpfe in die Heimat zurück. Das Letzte, was sich ein vernunftbegabter Kreuzfahrer erhoffen konnte, war materieller Gewinn.

Man muß zwangsläufig zu dem Schluß kommen, daß an einem Kreuzzug teilzunehmen eine aus echter Frömmigkeit unternommene Handlung war. Dies vermag man leichter zu verstehen, wenn man sich vergegenwärtigt, daß nur eine Minderheit der Angehörigen einer jeden Generation dazu bewegt wurde, das Kreuz zu nehmen. Wir brauchen nicht davon auszugehen, daß jeder die Bewegung in irgendeiner Weise anziehend fand; dies trifft noch nicht einmal auf die Mehrheit der Menschen zu. Wir müssen jedoch eine Erklärung dafür finden, warum einige, die sich selbst über die Verpflichtung, die sie eingegangen waren, definierten, sehr wohl eine solche Anziehungskraft verspürten. Viele der frühesten Kreuzfahrer, die mehrere Jahrzehnte den im elften Jahrhundert von der Kirche unternommenen intensiven Evangelisierungskampagnen ausgesetzt gewesen und von den Gedanken an ihre eigene Sündhaftigkeit durchdrungen waren, scheinen auf das Ethos der Buße reagiert zu haben. Überzeugt davon, daß die Bedingungen ihres Lebens ihnen wenig Hoffnung ließen, einstmals das Seelenheil zu erlangen, ergriffen sie eine Gelegenheit, ihre Aussichten für das Leben nach dem Tode zu verbessern. Was die allererste Periode betrifft, gibt es auch Belege dafür, daß Kreuzfahrer gehäuft innerhalb einzelner adeliger Familien auftraten, in denen bestimmte Traditionen – wie eine Pilgerfahrt nach Jerusalem zu unternehmen oder eine Bindung an bestimmte Schutzheilige oder ein Hang zum reformierten Mönchstum – eine Neigung hatten entstehen lassen, auf den Appell zu reagieren. Über die Zeiten hinweg ließ die Praxis, das Kreuz zu nehmen, eine eigene Tradition innerhalb der Großfamilien entstehen. Geflechte der Bindung an die jeweilige lokale »Herrschaft« beeinflußten vom späten dreizehnten Jahrhundert an ebenfalls viele Menschen dazu, mit den Kreuzheeren in die Ferne zu ziehen. Vom vierzehnten Jahrhundert an war die Teilnahme an einem Kreuzzug zu einer der sozialen Verpflichtungen geworden, die die ritterliche Kultur kannte, obwohl sie bis zu Ende vor allem auch ein Bußwerk blieb. Es ist unbestritten, daß es viele Männer und Frauen gab, die zutiefst von dem Verlangen beseelt waren, Jesus zu dienen, indem sie sein Kreuz nahmen, die Kirche verteidigten und das Land, das durch die Anwesenheit des Herrn in ihm geheiligt worden war, physisch okkupierten und für ihn gegen die Feinde der Christenheit verteidigten.

Einige Kreuzfahrer,
wirkliche und der Phantasie entsprungene

Die Sippe Montlhéry

Um 1120 hatte eine einzige Familie in den Siedlungen an der levantinischen Küste, die während des Ersten Kreuzzugs eingerichtet worden waren, die absolute Vorherrschaft inne. König Balduin II. von Jerusalem besaß dort allerorts Vettern. Zwei von ihnen, Wilhelm von Bures-sur-Yvette und Hugo von Le Puiset, waren die Herren von Galiläa und Jaffa, den beiden in strategischer Hinsicht wichtigsten Lehensgebieten seines Reiches. Joscelin von Courtenay war Graf von Edessa, das im Norden lag. Das bedeutendste Herrschaftsgebiet innerhalb jener Region unterstand Waleran von Le Puiset, dessen Bruder Abt von St. Maria vom Tal Jehoshaphat und Hüter des bedeutendsten Marienheiligtums in Jerusalem war, dem Grab, aus dem die heilige Jungfrau, wie man glaubte, zum Himmel aufgestiegen war.

Diese Männer stammten alle von dem in der Île-de-France ansässigen Guy I. von Montlhéry und seiner Gattin Hodierna von Gometz ab. Guy, der ein frommer Mann gewesen war und sich den Kluniazensern hingezogen gefühlt hatte, hatte die Abtei von Longpont-sous-Montlhéry gegründet, in der er seine Tage als Mönch beendet hatte. Eine ausgeprägte Religiosität war in dieser Familie über Generationen hinweg von einem Hang zu extremer Gewalttätigkeit begleitet. Vielleicht erklärt dies, warum zwei der Söhne von Guy und Hodierna, die Ehemänner von zwei Töchtern, sechs Enkel, eine Enkelin und deren Mann, der Mann einer weiteren Enkelin, ein Großenkel und der Gatte einer Großenkelin am Ersten Kreuzzug teilnahmen. Diesen erstaunlichen Rekord hatte die Familie vor allem den Nachkommen der vier Töchter von Guy und Hodierna zu verdanken, den legendären Montlhéry-Schwestern, deren Fruchtbarkeit vom Historiker des zwölften Jahrhunderts, Wilhelm von Tyros, voller Ehrfurcht erwähnt wird. Sie heirateten in die Familien St. Valéry und Le-Puiset-Breteuil ein, die jeweils drei Mitglieder für das erste Kreuzheer stellten, sowie in die Familie Bourcq von Rethel, die zwei Angehörige, von denen einer Balduin II. selbst war, auf den Ersten Kreuzzug schickte, und in die Familie Courtenay, aus deren Reihen ein Kreuzritter stammte. Wenn man noch die Kreuzfahrer hinzuzählt, die die eng mit den Montlhérys verwandten Familien Chaumont-en-Vexin, Broyes und Pont-Echanfray stellten, dann lieferten zwei Generationen der Sippe 26, vielleicht auch 28 Kreuzfahrer, die in den Orient zogen und zum Teil dort siedelten. Sie belegen, wie eine Großfamilie gewissermaßen en bloc einem Aufruf nachkommen konnte, wenn dieser Gehör bei ihnen fand.

Hugo von Chaumont-sur-Loire, Herr von Amboise

Hugo (c. 1080–1129) wurde in eine Familie hineingeboren, deren Angehörige im Dienst der Grafen von Anjou zu Ruhm und Ansehen gelangt waren. Er war der Erbe einer der drei Türme von Amboise. 1096 nahm er in der Abtei von Marmoutier in der Nähe von Tours bei einer Zeremonie, die unter dem Vorsitz des Papstes selbst stattfand, das Kreuz. Er hatte sich im Gefolge des Grafen Fulkus IV. von Anjou nach Tours begeben, und sein Schwur, an einem Kreuzzug teilzunehmen, mag mit der – wie sich zeigen sollte, nur vorübergehenden – Beilegung eines erbitterten Streits um sein Erbe gekoppelt gewesen sein. Dieser hatte in Hugos Annahme gewurzelt, daß der Graf sich heimlich mit seinem Onkel Lisois, seinem Vormund, der seinen Besitz verwaltete, solange er minderjährig war, verschworen habe, seine Cousine, Corba von Thorigné, als Miterbin von Amboise einzusetzen. Lisois hatte sein Ziel unter anderem dadurch zu erreichen versucht, daß er Corba mit einem Mann namens Aimery von Courron verheiratete. Hugo, der damals erst ungefähr sechzehn war, hatte äußerst heftig reagiert, doch der Graf war eingeschritten, und der Streit war zunächst einmal geschlichtet worden. Hugo und Aimery, der ebenfalls das Kreuz genommen hatte, waren gemeinsam in Richtung Orient aufgebrochen. Hugo hatte seinen Kreuzzug unter anderem dadurch finanziert, daß er seinen Besitz einem Cousin mütterlicherseits namens Robert von Roches-Corbon verpfändet hatte, dem er auch die Aufsicht über sein Schloß anvertraut hatte. Er hatte jedoch auch eine große Summe Geldes zur Deckung seiner Unkosten von einem Onkel mütterlicherseits erhalten. In der französischen Gesellschaft des elften Jahrhunderts traten Brüder der Mutter als die natürlichen Beschützer von deren Kindern auf. Die Brüder von Vätern, wie Lisois, galten hingegen als natürliche Rivalen um dessen Hinterlassenschaft.

Im Lauf der drei Jahre währenden Kampagne erwarb sich Hugo den Ruf, ein besonders standhafter Kämpfer zu sein. Er war einer von denen, die damit beauftragt wurden, die Tore der Stadt Antiochia zu bewachen, um Ausbrüche zu verhindern, als das Heer in der Nacht vom 10. Juni 1098 von Auflösung bedroht war und die Kreuzfahrer in ihrem verzweifelten Bemühen, aus der Stadt zu entfliehen und sich auf den Weg in die Heimat zu machen, sogar durch die Abflußrinnen der Latrinen in den Stadtmauern krochen. Er nahm Ende 1098 an der schauerlichen Belagerung von Ma'arrat teil und im Juli 1099 an der Eroberung von Jerusalem. Er kämpfte auch einen Monat später in der Schlacht von Askalon, in der man den entscheidenden Sieg über die Ägypter errang. Indem er das Heilige Grab aufsuchte, erfüllte er sein Gelübde und begann anschließend die Reise zurück in die Heimat.

Um 1100 herum erteilte die Kirche den von einer Kampagne zurückkehrenden Kreuzfahrern den Rat, es »jetzt, da ihre Gewänder sauber gewaschen« worden seien, zu vermeiden, sie erneut zu besudeln, und sie könnten dies tun, indem sie sich von der Welt zurückzögen und ein ganz der Religion gewidmetes Leben begännen. Für das Oberhaupt einer Familie, die bereits finanzielle Opfer gebracht hatte, um ihm bei der Finanzierung seines Kreuzzugs zu helfen, wäre das jedoch ein grob verantwortungsloser Schritt gewesen. Für viele Kreuzfahrer stellte ihre Rückkehr einen Wiedereintritt in eine nicht funktionsfähige Gesellschaft dar, die oft auch aufgrund ihrer Abwesenheit desorganisierter geworden zu sein schien und mit der zurechtzukommen sie erst wieder lernen mußten. Hugo war einer von den vielen Heimkehrern, die sich gezwungen sahen, zu Mitteln der Gewalt zu greifen. Aimery von Courron war im Sommer 1097 vor der Stadt Nicäa tödlich verwundet worden; die Nachricht von seinem Tod war mit Flüchtlingen aus Antiochia nach Anjou gelangt. Als er um die Osterzeit des Jahres 1100 wieder am Hof des Grafen in Loches eintraf, «ein wenig von Krankheit niedergedrückt«, mußte Hugo feststellen, daß Graf Fulkus sich während seiner Abwesenheit dazu hatte bestechen lassen, Corba einem älteren Mann namens Achard von Saintes zur Frau zu geben, und dies, ohne sich vorher mit der Mutter der Braut zu beraten oder Robert von Roches-Corbon zu benachrichtigen. Das bedeutete, daß jetzt eine neue Bedrohung für Hugos Ansprüche auf seinen Titel und seinen Besitz entstanden war. Achard, der sehr gut wußte, was für Folgen Hugos Rückkehr für ihn haben würde, floh mit seiner jungen Frau nach Tours, Hugos Gefolgsleute blieben ihm aber auf den Fersen, und einer von ihnen nahm Kontakt mit Corba auf. Er plante, die junge Frau zu entführen, wenn sie sich zum Gebet in eine nahegelegene Kirche begab. Eines Tages wurde sie tatsächlich aus der Kirche herausgetragen, auf ein Pferd gesetzt, fortgeschafft und einem Trupp ihrer Verwandten übergeben, der von Robert von Roches-Corbon persönlich angeführt wurde. Achard wurde bald darauf von Krankheit und Kummer dahingerafft, während Corba, gemeinsam mit einem neuen Gatten, vielleicht weil sie meinte, daß das Gelübde, das Aimery von Courron abgelegt hatte, nicht ganz erfüllt worden sei, am Dritten Kreuzzug teilnahm. Sie starb auf dieser Unternehmung.

Hugo war eine ungewöhnliche Erscheinung für seine Zeit, insofern er ein zweites Mal auf Kreuzzug ging. 1129, nahezu drei Jahrzehnte nach seiner Rückkehr aus Jerusalem, fuhr er mit seinem Schwager, Graf Fulkus V. von Anjou, auf einem Segelschiff erneut gen Osten. Der Graf würde die Tochter von Balduin II. heiraten und die Krone des Königreichs Jerusalem erben. Hugo, der mittlerweile sehr vermögend und Inhaber der gesamten *seigneurie* Amboise war, hatte seinen Titel und seine Herrschaftsansprüche seinem ältesten Sohn übertragen. Ganz offensichtlich wollte er seine Tage in Jerusalem beschließen, und dort starb er auch, zwei Monate nach seiner Ankunft in Palästina. Er wurde auf dem Ölberg begraben, von dem aus er wahrscheinlich dreißig Jahre zuvor auf die Stadt hinuntergeblickt hatte.

Leopold VI., Herzog von Österreich

Mehrfach an einem Kreuzzug teilzunehmen, wurde gegen Ende des zwölften Jahrhundert wesentlich üblicher, als es zu der Zeit Hugos von Chaumont-sur-Loire gewesen war, und wenige gingen mit größerer Begeisterung auf solche Unternehmungen als Leopold von Österreich (1176/7–1230). Er entstammte einer Familie von Kreuzfahrern. Sein Vater hatte während des Dritten Kreuzzugs einen heftigen Streit mit Richard I. von England ausgetragen und den König, als dieser auf dem Heimweg nach Britannien versuchte, verkleidet durch sein Territorium zu schlüpfen, gefangengesetzt. Leopold nahm das Kreuz im Jahr 1208 und dann noch einmal, um sich dem Heer des Fünften Kreuzzugs anzuschließen, in dem er von 1217 bis 1219 diente. 1212 kämpfte er auf dem Albigenser Kreuzzug auch gegen die Katharer, bevor er sich vom Languedoc aus nach Spanien begab, um sich am Kastilischen Kreuzzug gegen die Mauren zu beteiligen. Man hat die Theorie aufgestellt, daß dieses wiederholte Ausrücken auf einen Kreuzzug, das heißt das häufige Verlassen des eigenen Landes, eher politisch als ideologisch motiviert gewesen sei, doch ist es schwer einsehbar, warum Leopold das Bedürfnis verspürt haben soll, sich in der Heimat rar zu machen, da er versucht hatte, in dem verworrenen politischen Geschehen in Deutschland als Schlichter aufzutreten und dabei eine durchaus vernünftige Rolle gespielt hatte. Er wirkt aus heutiger Sicht vielmehr wie einer der Eiferer, die man im dreizehnten Jahrhundert häufig antraf. Wenn er das tatsächlich war, dann war es eine charakteristische Handlung von Papst Innozenz III., daß er versuchte, ihn in seine Schranken zu weisen:

Es liegt viel mehr Verdienst in dem Querbalken von Christi Kreuz als in Eurem kleinen Zeichen. [...] Denn Ihr nehmt nur ein weiches und sanftes Kreuz an; er erduldete eines, das bitter und hart war. Ihr tragt es ganz oberflächlich auf Eurer Kleidung, er ertrug seines in der Wirklichkeit seines Fleisches. Ihr näht Eures mit leinenen oder seidenen Fäden auf; er wurde mit harten, eisernen Nägeln an das seine geschlagen.

Gottfried von Sergines

Gottfried (c. 1205–1269) stammte aus einem Dorf nördlich von Sens, einem nicht weit von Paris entfernten Ort. Seine Familie hatte enge Verbindungen mit der Kirche: Einer seiner Brüder war Abt von St. Jacques-de-Provins; Peter von Sergines, der Erzbischof von Tyros, der 1244 bei der Schlacht von La Forbie von den Muslimen gefangengenommen wurde, war vielleicht ein Verwandter, und auch Margaret von Sergines, die Äbtissin von Montvilliers, gehörte möglicherweise zu der Familie. Gottfrieds Sohn, der den gleichen Namen trug wie sein Vater, hielt sich in den sechziger Jahren des dreizehnten Jahrhunderts im Orient auf; er diente unter Karl von Anjou in Süditalien und starb 1270 auf dem zweiten Kreuzzug Ludwigs IX. von Frankreich.

Gottfried wird im Zusammenhang mit militärischen Auseinandersetzungen in Palästina in den Jahren 1242 und 1244 erwähnt, und es ist am wahrscheinlichsten, daß er am 1. September 1239 mit einem Kreuzheer unter dem Kommando von Graf Thibaut von Champagne und Herzog Hugo von Burgund im Nahen Osten eintraf. Er kehrte 1244 nach Frankreich zurück und reiste 1248 mit König Ludwig IX., dem er sich schon seit 1236 eng verbunden fühlte, wieder gen Osten. In seinem Bericht über Ludwigs Kampagne in Ägypten bezeichnete Johann von Joinville Gottfried als jemanden, der, wie er selbst, zu den engsten Vertrauten des Königs zählte. Er gehörte einer auserwählten Schar von acht Gefährten an, die den König in Damietta bewachten, und war während des gesamten Kreuzzugs Mitglied des königlichen Rats und mit wichtigen Aufgaben betraut. Als das Kreuzheer sich am 5. April 1250 völlig ungeordnet von Mansurah zurückzog, harrte er allein bei dem König aus, um ihn zu beschützen. Ludwig sollte später sagen, daß Gottfried ihn vor den Ägyptern verteidigt habe, so wie ein guter Diener die Fliegen erschlägt, die seinen Herrn umschwirren. Bevor er sich im April 1254 auf den Rückweg in die Heimat machte, sorgte Ludwig dafür, daß Gottfried zum Seneschall des Königreiches Jerusalem ernannt wurde. Er blieb als solcher in Akkon zurück, erhielt das Kommando über ein Kontingent von einhundert Rittern, die vom König selbst bezahlt wurden, und bekam genügend Geld, um zusätzliche Armbrustschützen und Unteroffiziere einstellen zu können.

Das Amt des Seneschalls war das prestigeträchtigste und anspruchsvollste der hohen Ämter, die die Krone von Jerusalem zu vergeben hatte, und Gottfried sollte es bis zu seinem Tod innehaben. In Abwesenheit des Königs oder Regenten und vorausgesetzt, daß der König keinen Vertreter ernannt hatte, hatte der Seneschall bei Versammlungen des höchsten Gerichtshofs, dem wichtigsten aller königlichen Gerichte, in dem alle Lehnsvasallen der Krone vertreten waren und ein Mitspracherecht hatten, den Vorsitz. Er stand daher *ex officio* an zweithöchster Stelle in der juristischen Hierarchie. Er überwachte auch das *secrete*, das königliche Finanz- und Schatzamt, das nach Methoden operierte, welche von den Muslimen übernommen worden waren. Gottfrieds lange Amtsperiode muß ihm einen Erfahrungsschatz vermittelt haben, was die Arbeit der Gerichte und des Verwaltungsapparats betraf, wie ihn sonst niemand besaß. Von 1259 bis zum September 1261 und von 1264 bis 1267 fungierte er im Namen der abwesenden Regenten als politisches Oberhaupt von ganz Palästina, und vom September 1261 bis 1263 und vielleicht noch einmal für ein paar Monate im Jahr 1264 war er selbst Regent. Mit nur wenigen Unterbrechungen regierte er also von 1259 bis 1267 über das Königreich von Jerusalem und erfüllte diese Aufgabe gut. Von allen, die in jener Periode über das Reich herrschten, war allein er bei den Zeitgenossen bekannt dafür, ein strenger, aber unparteiischer Richter zu sein.

Er kehrte in den frühen sechziger Jahren für kurze Zeit nach Europa zurück, nahm bei dieser Gelegenheit erneut das Kreuz und plante, mit einer großen Gesellschaft von Rittern wieder nach Osten zu reisen. Am 13. Februar 1262 erteilte Papst Urban IV. ihm, als einem Kreuzfahrer, die Genehmigung, einen tragbaren Altar mit sich zu führen, an dem man die Messe feiern konnte. Sein Kaplan erhielt die Erlaubnis, den Rittern in seinem Gefolge und seinen Gefährten die Sakramente zu verabreichen, und Gottfried wurde überdies von jeder möglichen Exkommunikation und jedem Interdikt ausgenommen, wenn eine dieser Strafen nicht ausdrücklich in einem päpstlichen Dekret ausgesprochen wurde. Die nächsten Jahre gaben zu erkennen, wie sehr er sich dem Kreuzzuggedanken verschrieben hatte, was zum einen zur Folge hatte, daß er bis zu seinem Tod am 11. April 1269 im Osten blieb, und ihn zum anderen beinahe in den Bankrott trieb. Es gibt zahlreiche Hinweise auf die finanziellen Engpässe, in die er trotz wiederholten Beistands von seiten der französischen Krone und der Päpste immer wieder geriet; 1267 drohte er sogar damit, sein Erbe in Frankreich zu veräußern, falls man ihm nicht half.

Seine Vorzüge waren konventioneller Art – Johann von Joinville bezeichnete ihn als »guten Ritter und braven Mann« –, und sie wurden in einem bemerkenswerten Gedicht zusammengefaßt, das den Titel *La complainte de Monseigneur Geoffrei de Sergines* [»Die Klage des Herrn Gottfried von Sergines«] trug und 1255/6 von dem französischen Dichter Rutebeuf verfaßt wurde, der die Region kannte, aus der Gottfried stammte. Für Rutebeuf war er der beste aller Ritter: von loyalem, tapferem und freigiebigem Wesen. Als er in Frankreich lebte, sei er als ein wohlerzogener, höflicher und liebenswürdiger Mann bekannt gewesen, der große Liebe zu Gott und zur Heiligen Kirche im Herzen getragen habe. Er habe nie jemanden hintergangen, ob dieser zu den Starken oder den Schwachen gehört habe, und er sei großzügig gegenüber seinen mittellosen Nächsten gewesen:

> *Son seigneur lige tint tant chier*
> *Qu'il ala avec li vengier*
> *La honte Dieu outre la meir:*
> *Teil preudoume doit hon ameir.*
> *Avec le roi demora la,*
> *Avec le roi mut et ala,*
> *Avec le roi prist bein et mal:*
> *Hom n'at pas tos jors tenz igal.**

---

* Er liebte seinen Lehnsherrn so sehr / Daß er mit ihm aufbrach, zu rächen / die Schande, die man Gott jenseits des Meeres angetan. / Man muß einen solchen Mann [*prudhomme*] lieben. / Bei dem König blieb er / Mit dem König zog er fort und ging, / Mit dem König ertrug er Gutes wie Schlechtes. / Nie zuvor war ein Mann, der ihm gleichkam.

Gottfried war sehr fromm, was wohl erklärt, warum er sich so gut mit Ludwig verstand. Die Päpste seiner Zeit bezeichneten ihn in ihren Schriften als jemanden, der sich dem Kampf für Christus im Heiligen Land mit Leib und Seele verschrieben hatte, in einem solchen Maß gar, daß er ihn schon wie ein heiliges Amt ausübte: »er widmete sich ganz und gar dem Dienst für den Gekreuzigten. [...] Er war der einzige Geistliche, der das Heilige Land [mit der Waffe] verteidigte.« Mit diesem Mann und mehreren seiner Zeitgenossen erreichte die Tradition, sich als *miles ad terminum* aus Frömmigkeit zur Verteidigung des Heiligen Landes zur Verfügung zu stellen, ihren Höhepunkt.

Chaucers Ritter

Mehr als einmal auf Kreuzzug zu gehen, war im vierzehnten Jahrhundert so verbreitet, daß Geoffrey Chaucer den Brauch mit seiner Darstellung des Ritters, der sich mit anderen zusammen auf der Pilgerfahrt nach Canterbury befindet, persifliert:

> *Full worthy was he in his lordes werre,*
> *And therto had he riden, no man ferre,*
> *As wel in cristendom as in hethenesse,*
> *And evere honoures for his worthynesse.*
> *At Alisaundre he was whan it was wonne.*
> *Ful ofte tyme he hadde the bord bigonne*
> *Aboven alle nacions in Pruce;*
> *In Lettow hadde he reysed and in Ruce,*
> *No Cristen man so ofte of his degree.*
> *In Gernade at the seege eek hadde he be*
> *Of Algezir, and riden in Belmarye.*

At Lyeys was he and at Satalye,
Whan they were wonne; and in the Grete See
At many a noble armee hadde he be.*

Als Kämpfer in den »lordes werre« (womit die »Kriege Gottes« oder die Kreuzzüge gemeint sind) hat der Ritter alle Hauptschauplätze kennengelernt, auf denen Schlachten gegen die Ungläubigen gefochten wurden: das Baltikum, die iberische Halbinsel und den östlichen Mittelmeerraum. Er hatte sich zu den vielen Rittern aus ganz Europa gesellt, die gen Norden, nach Preußen, Livland (»Lettow«) und Rußland gezogen waren, um an den *Reysen* der Ritter des Deutschen Ordens teilzunehmen, die von den Päpsten das Recht zugestanden bekommen hatten, Kreuzzugs-Ablässe auszugeben. Die *Reysen* waren winters und sommers vorgenommene Vorstöße ins heidnische Litauen und ins orthodoxe Rußland hinein, und diejenigen, die sich den christlichen Truppen anschlossen, durften ihre – mit ihren Wappen bemalten – Schilde in den Festungen von Marienburg oder Königsberg an den Wänden befestigen. Nach einer *Reysa* hielt man manchmal ein Festmahl ab, bei dem diejenigen, die sich durch besonderen Heldenmut ausgezeichnet hatten, an der Ehrentafel Platz nehmen durften. 1375 überreichte der Großmeister des Ordens Winrich von Kniprode, der mehr als jeder andere die theatralischen Elemente des Rittertums

---

* In den Kriegen seines Herrn war er sehr tüchtig gewesen, und dabei war er so weit wie kein anderer in christliche und heidnische Lande geritten und wurde wegen seiner Vortrefflichkeit stets ausgezeichnet. Als Alexandria eingenommen wurde, war er dabei. In Preußen hatte er sehr oft am Kopf der Tafel vor allen Nationen gesessen; in Litauen hatte er an Feldzügen teilgenommen und in Rußland, so oft wie kein Christenmensch seines Standes. Auch bei der Belagerung von Algeciras in Granada war er dabei gewesen und [*in den Kampf*] nach Benmarin geritten. In Ayas und in Antalya war er, als diese eingenommen wurden, und am Mittelmeer bei manch vortrefflichem Feldzug.

auszunützen verstand, jedem der zwölf Ritter, die an der Ehrentafel saßen, ein an der Schulter zu befestigenden Abzeichen, auf dem in Goldbuchstaben zu lesen war: *Honneur vainc tout.* Chaucer muß sich seinen Ritter als inmitten dieser Paladine sitzend vorgestellt haben, denn es heißt: »Ful ofte tyme he hadde the bord bigonne / Aboven alle nacions in Pruce« [»In Preußen hatte er sehr oft am Kopf der Tafel vor allen Nationen gesessen«], und vermutlich stand dem Autor dabei die gewaltige Marienburg, der Hauptstützpunkt des Ordens, vor Augen.

Der Ritter hatte zu einem Kreuzheer gehört, dem sich Adelige aus ganz Europa, darunter der Earl von Derby und der Earl von Salisbury, angeschlossen hatten; dieses Heer war gegen die Mauren ausgerückt, hatte das Königreich von Granada besetzt, nach zweijähriger Belagerung (1342–1344) Algeciras eingenommen, dadurch die Straße von Gibraltar blockiert und verhindert, daß aus Afrika große Scharen von Kämpfern zur Verstärkung der spanischen Muslime übersetzen konnten. Der Ritter war an dem Vorstoß nach Marokko hinein (»Belmarye«) beteiligt gewesen und hatte zur Streitmacht von König Peter von Zypern gehört, der 1361 Antalya (»Satalye«) im südlichen Kleinasien erobert hatte. Er hatte auch unter Peter gedient, als dieser im Oktober 1365 für ein paar Tage Alexandria besetzt hatte, und unter seiner Führung 1367 Ayas (»Lyeys«) angegriffen.

Das Bild des Kreuzritters, das Chaucer in seinen *Canterbury Tales* zeichnet, mag eine Karikatur sein, doch war ein Kreuzfahrer solchen Schlags nicht untypisch für die damalige Zeit. Henry Grosmont, der Herzog von Lancaster, soll an Kampagnen in Granada und in Preußen, auf Rhodos und auf Zypern teilgenommen haben. Jean Boucicaut, der *maréchal* von Frankreich ging viermal auf eine *Reysa* nach Preußen und nahm das Kreuz, um mit

König Peter nach Alexandria zu ziehen, und dann später, 1390, noch einmal, um an dem Feldzug nach Mahdia in Nordafrika teilzunehmen. Der König von Frankreich verbot ihm allerdings, bei dieser letzten Unternehmung mitzuwirken, und so zog Boucicaut statt dessen noch einmal nach Preußen. 1396 war er auf dem Balkan zu finden, wo er zu dem Kreuzheer gehörte, das gegen Nikopolis vorrückte, und um das Jahr 1400 herum veranstaltete er in der östlichen Mittelmeerregion gar seinen eigenen Kreuzzug. Die Begeisterung der europäischen Adeligen für die Teilnahme an den Kreuzzügen als einer ritterlichen Übung wie auch einer religiösen Exerzitie – und dies zu einer Zeit, als viele von ihnen auch in den Hundertjährigen Krieg involviert waren – erklärt, warum es zwischen 1300 und 1400 kaum ein Jahr gibt, in dem nicht irgendwo an den Grenzen des christlichen Reiches ein Kreuzzug ausgetragen wurde.

Die Ritterorden

Es ist fraglich, ob man die Mitglieder der Ritterorden überhaupt in einem Kapitel über Kreuzfahrer behandeln sollte. Es trifft zu, daß die Ritterorden im engen Zusammenhang mit der Kreuzzugsbewegung gegründet wurden oder sich zu Vereinigungen entwickelten, die in einem solchen Zusammenhang zu ihr standen. Sie waren von den Idealen der Bewegung inspiriert, und das ist der Grund dafür, daß einige von ihnen im Laufe der Zeit über stattliche Mittel verfügten. Sie hatten sich der Wiedereroberung christlichen Territoriums und der Verteidigung der Christenheit verschrieben, und ihre Mitglieder operierten Seite an Seite mit den Kreuzfahrern oder zumindest in denselben Gebieten wie diese. Sie wurden von den Apologeten der Bewegung mit ihr assoziiert, vor allem von Bernhard von Clairvaux, der in seiner Verteidigung des Templerordens mit dem Titel *De laude novae militiae* unter Bezug auf diesen Orden das Thema der neuen Ritterschaft, die für Christus zu den Waffen greift, entwickelte. An die acht Jahrzehnte später definierte Jakob von Vitry, indem er immer wieder auf die Kreuzzüge einging, die Pflichten dieser neuen Ritter:

> *Die Brüder der Ritterorden sind ordiniert, auf daß sie die Kirche Christi mit dem materiellen Schwert verteidigen, vor allem gegen diejenigen, die außerhalb ihrer stehen; das heißt, gegen die Muslime in Syrien, gegen die Mauren in Spanien, gegen die Heiden in Preußen, Livland und Komanien [...], gegen die Schismatiker in Griechenland und gegen Ketzer, die überall in der [Gemeinde der] universellen Kirche verteilt sind.*

Die Orden, so führte er weiter aus, unterschieden sich, was das Habit der Brüder und die Bräuche anbelangte, »sind aber alle vereint in der Verteidigung der Kirche gegen Ungläubige«. Und in der Mitte des dreizehnten Jahrhunderts brachte Thomas von Aquin sie mit der – zur Buße auferlegten – Notwendigkeit, Gewalttätigkeiten auszuüben, in Zusammenhang, indem er ausführte: »Im Dienst Gottes Krieg zu führen, ist einigen als eine Buße auferlegt, wie jene deutlich machen, denen bestimmt ist, zur Unterstützung des Heiligen Landes zu kämpfen.«

Das alles änderte jedoch nichts an der Tatsache, daß die Brüder keine Kreuzfahrer waren. Einige von ihnen, wie die Templer zum Beispiel, legten Gelübde ab, die, zumindest von den Werken her, zu deren Ausführung sie sich verpflichteten – die Rückeroberung Jerusalems und die Verteidigung des Heiligen Landes –, den Gelübden der Kreuzfahrer ähnelten. Die Mitglieder anderer Ritterorden kannten keine Gelöbnisse dieser Art. In den Eidesformeln der Johanniter – mit denen diese sich zu Gehorsam und Keuschheit verpflichteten und dazu, in Armut als Diener und Sklaven der Kranken zu leben – wurde die Verteidigung der Christenheit mit keinem Wort erwähnt. Und sogar wenn ein Ritterorden seinen Mitgliedern den Schwur abverlangte, die Christenheit zu schützen, hatte dieser eine Form, durch die er sich fundamental von jenen der Kreuzritter unterschied. Der Bruder einer solchen Vereinigung verpflichtete sich auf Dauer dazu, bestimmte Werke zu tun. Er war kein Pilger, der diesen Status nur vorübergehend annahm, das Konzept der Pilgerfahrt ging daher nicht in die Formel ein. Dieser Unterschied wurde von Jakob von Vitry in einer seiner Predigten hervorgehoben, in der er die Geschichte eines Kreuzfahrers erzählte, der zusammen mit einigen Templern von den Muslimen gefangengenommen worden war. Als er gefragt wurde, ob er ebenfalls ein Templer sei, erwiderte er: »Ich bin ein weltlicher Ritter und ein Pilger.«

Es ist nicht einfach, allgemeine Aussagen über die Ritterorden zu machen, da es soviele von ihnen gab und sie sich stark voneinander unterschieden. Sie besaßen nicht dieselben Regeln. Einige von ihnen, wie die Templer, die Johanniter und die Brüder vom Orden des Heiligen Lazarus, rekrutierten ihre Mitglieder in allen Teilen der lateinisch-christlichen Welt; andere, wie die Ritter vom Deutschen Orden und der Orden von Santiago, Alcantara, Calatrava, Christus, Montesa und vom Heiligen Thomas, hatten ihre Basis in einem bestimmten Land. Einige, wie die Templer und die Johanniter, waren ungeheuer reich, andere besaßen nur wenige Mitglieder und waren arm. Einige waren Prototypen der großen internationalen Orden, die sich im späten Mittelalter herausbildeten; sie genossen umfassende Privilegien, waren nicht der Autorität eines Diözesanbischofs unterstellt und allein Rom verantwortlich. Andere waren von den ihnen gewährten Privilegien her völlig unbedeutend. Zwei von ihnen, der Deutsche Orden und der Johanniterorden, sollten in Preußen sowie auf Rhodos und auf Malta zwei quasi-souveräne Ordensstaaten gründen. Die ganze *raison d'être* einiger von ihnen war die Verteidigung des rechten Glaubens, andere jedoch, wie die Johanniter, waren als rein karitative Institutionen entstanden und hatten sich nur allmählich und zum Mißfallen der Päpste zu kämpferischen Orden entwickelt; barmherzige Werke zu tun, blieb jedoch weiterhin eine vorrangige Pflicht ihrer Mitglieder. Wieder andere, wie der Deutsche Orden, wurden gegründet, um zu kämpfen und um Kranke zu pflegen.

Trotz allem gab es einige wichtige und grundlegende Ähnlichkeiten zwischen den einzelnen Orden. Sie waren allesamt religiöse Vereinigungen, in die man durch Ablegen eines feierlichen Eids eintrat: Die Brüder unterwarfen sich, was ihre Lebensweise betraf, bestimmten Regeln und dem mönchischen *horarium* sowie ganz allgemein der für Kleriker vorgeschriebenen Disziplin. Ihr wesentliches Merkmal war, daß eine ganze Zahl der in sie aufgenommenen Laienbrüder selbst Krieger waren. Jede religiöse Institution konnte Vasallen besitzen, die einen Militärdienst abzuleisten hatten, oder Söldner anwerben, um Festungen zu bemannen oder Ländereien zu verteidigen, doch dadurch wurden sie nicht zu militärischen Orden. Diese kämpferischen Ritterorden griffen auch auf Vasallen und große Scharen von Söldnern zurück – bei jeder Schlacht waren in den Heeren der Orden nur vergleichsweise wenige ihrer Mitglieder zu finden –, doch die Kaste der mit der Waffe in der Hand kämpfenden

Brüder verlieh ihnen ihren besonderen Charakter. Und statt der Geistlichen, wie es bei den meisten religiösen Orden der Fall war, begannen diese Laienbrüder, die Ritterorden nach einer gewissen Zeit zu dominieren, da sie in der Überzahl waren und sowohl die höchsten wie auch die rangniedrigeren Offiziere stellten.

Es bereitete ihnen nie irgendwelche Schwierigkeiten, neue Rekruten zu gewinnen – das war sogar noch im achtzehnten Jahrhundert so –, obwohl ihr Reichtum und ihre Privilegien, ihre Rivalität mit anderen Orden und ein wachsender Argwohn (der im Westen bald sehr verbreitet war und zu Unrecht bestand), daß sie nicht den Beitrag leisteten, der ihrem Vermögen – nicht nur dem materiellen – entsprochen hätte, sie beim Klerus wie auch bei gewöhnlichen Bürgern im dreizehnten Jahrhundert zunehmend unbeliebt machte. Obwohl sie auf internationaler Ebene tätige und höchst privilegierte Werkzeuge päpstlicher Macht waren, die, was ihre Administration betrifft, die zeitgenössischen Vorstellungen hinsichtlich der Verwaltung der Kirche widerspiegelten, erweisen sich die Strukturen der mächtigeren von ihnen als inadäquat für ihre Bedürfnisse (auch wenn die Verwaltung ihrer Besitzungen auf regionaler Ebene oft recht effizient war). Dies führte zu dem Paradox, daß die Brückenköpfe dieser – zu den reichsten religiösen Vereinigungen der Zeit gehörenden – Orden, ihre ihnen als Hauptquartier dienenden Konvente in Palästina, nie über genügend Geld verfügten und oft sogar am Rande des Bankrotts standen. Die Brüder im Orient, die sich in einem unablässigen Verteidigungskrieg befanden und die Waffen kaum jemals für längere Zeit aus der Hand legen konnten, saßen in ihren prächtigen Festungen wie Schiffbrüchige auf einsamen Inseln. Diese Festungen existieren noch heute und sind stumme Zeugnisse für die Ideale jener Menschen, die meinten, für die gerechte Sache kämpfen zu müssen, und die schönsten wie auch zugleich deprimierendsten Andenken an die Ritterorden. Doch aufgrund einer Laune der Geschichte haben zwei von ihnen, der Johanniterorden und der Deutsche Orden, überlebt. Beide, vor allem der Johanniterorden bis 1523 auf Rhodos und bis 1798 auf Malta, haben bis in die Moderne hinein eine bedeutende Rolle gespielt, und wenn sie sich auch heute ganz anderen Aufgaben verschrieben haben, sind sie lebende Relikte aus dem Zeitalter der Kreuzzüge.

Wann fanden die Kreuzzüge statt?

Wir nähern uns jetzt dem Ende unserer Untersuchung und haben das Stadium erreicht, in dem wir eine Definition vornehmen können. Sie lautet wie folgt: Ein Kreuzzug war eine zur Buße unternommene kriegerische Unternehmung, die als Pilgerfahrt eingestuft wurde und auch viele Attribute einer solchen besaß. Diese Unternehmungen wurden auf vielen Kriegsschauplätzen ausgetragen: in Palästina und im östlichen Mittelmeergebiet natürlich, aber auch in Nordafrika und in Spanien, an den Ufern der Ostsee, in Polen und in Ungarn, auf dem Balkan und sogar in Westeuropa selbst. Die Muslime stellten in Nordafrika und in Spanien sowie in Palästina und in Syrien den Gegner und vom vierzehnten Jahrhundert an auch in der Ägäis und auf dem Balkan. Kreuzfahrer zogen aber auch gegen heidnische Wenden, Balten und Litauer in den Kampf und gegen schamanistische Mongolen, orthodoxe Russen und Griechen, gegen Häretiker wie die Katharer und Hussiten und gegen Katholiken, die als politische Widersacher des Papsttums auftraten. Die Sache, um die es ging – die Wiedereroberung von Land oder die Abwehr von feindlichen Übergriffen – war im traditionellen Sinne eine »gerechte«, sie stand aber zu den Bedürfnissen der gesamten Christenheit oder Kirche in Beziehung und nicht nur zu denen einer bestimmten Nation oder Region. Ein Kreuzzug wurde vom Papst als dem Oberhaupt aller Christen und als dem Vertreter Christi auf Erden legitimiert, und nicht von einem weltlichen Herrscher. Da man im Namen Christi selbst handelte, war der Krieg, in den man zog, ein heiliger Krieg. Zumindest einige der Teilnehmer legten ein Gelübde ab, das sie der Gerichtsbarkeit der Kirche unterstellte und gewährleistete, daß der Papst in anderen Dingen als der tatsächlichen Kriegsführung einen gewissen Grad an Kontrolle über sie besaß. Die Kreuzfahrer verwendeten oft Ausdrücke, die mit Beziehung auf Pilger und Pilgerfahrten gebräuchlich waren, und einige der Privilegien, in deren Genuß sie kamen, vor allem der Schutz ihrer eigenen Person, ihrer Familienmitglieder und ihrer Besitztümer durch die Kirche, waren dieselben, die traditionellerweise Pilgern gewährt wurden. Die Teilnehmer an Kreuzzügen sahen sich selbst als Büßer, und als solche erhielten sie einen vollständigen Sündenerlaß zugestanden, der nach 1198 zu einem Plenarablaß umgewandelt wurde. Denjenigen, die nicht zum Kampf in den Orient, sondern in andere Gebiete zogen, wurde ein Sündenerlaß oder Ablaß zugestanden, der dem gleichkam, den die Streiter Christi im Heiligen Land erhielten.

Wir sollten jetzt versuchen, die Bewegung zeitlich einzugrenzen, also die Frage zu stellen: Wann fand der erste Kreuzzug statt und wann der letzte? 1074 plante Papst Gregor VII. einen Feldzug in den Orient. Die seldschukischen Türken waren dabei, ganz Kleinasien zu erobern, und der junge byzantinische Herrscher Michael VII. hatte – das getrübte Verhältnis, das zwischen der römischen und der griechischen Kirche bestand, außer acht lassend – den neuen Papst um Hilfe ersucht. Gregor, der hoffte, die beiden Kirchen vereinen zu können, hatte positiv reagiert, und es sind fünf Schreiben erhalten, die er zwischen Februar und Dezember des Jahres an verschiedene Empfänger richtete, in denen er sich über die Leiden der Christen im Osten ausbreitete und die Notwendigkeit betonte, ihnen brüderlichen Beistand zu gewähren. Er setzte einen Dienst mit der Waffe mit einem Dienst an der Kirche gleich und forderte einen der Empfänger auf, »den christlichen Glauben und den himmlischen König zu verteidigen«, wobei er nachdrücklich darauf hinwies, daß es glorreich sei, für das eigene Vaterland zu sterben, noch glorreicher aber, sein Leben für Christus herzugeben. Außerdem hob Gregor die spirituellen Belohnungen hervor, die man erwerben würde; er schrieb, daß man »durch das Werk eines Augenblicks Ewige Gnade erlangen« könne. Es handele sich um eine von ihm selbst ins Leben gerufene Unternehmung, und es sei möglich, daß er sie in eigener Person leiten werde. Dem deutschen König Heinrich IV. berichtete er, daß über 50.000 Mann bereitstünden, ins Feld zu rücken, wenn sie den Papst »bei der Unternehmung zum Führer und Hohepriester« haben würden. Gregor meinte sogar, daß das Heer unter seinem Befehl bis zum Heiligen Grab in Jerusalem vorstoßen könne. Er erwog – was verwunderlich ist –, Heinrich in Europa zurückzulassen, damit der König in seiner Abwesenheit die Heilige Römische Kirche beschützte. Natürlich war vieles von dem, was Gregor sagte, eine reine Übertreibung, und seine Pläne wurden durch den Ausbruch des Investiturstreits zunichte gemacht. Man kann aber in den Schreiben des Kirchenoberhaupts das Konzept eines heiligen Krieges und der Autorisierung eines solchen Krieges durch den Papst ausfindig machen. Außerdem stellte Gregor bereits für die Teilnahme an dem Krieg gegen die Ungläubigen ewigen Lohn in Aussicht und kam im Zusammenhang mit ihm auf Jerusalem zu sprechen. Gregors Vorstellungen können bereits weiterentwickelt gewesen sein, als diese Briefe vermuten lassen. Wir wissen, daß er ein paar Jahre später das Konzept eines zur Buße unternommenen Krieges vorstellte und daß er in seinem engeren Kreis, und auch im Umfeld um die nachfolgenden Päpste, als Vater der Kreuzzüge angesehen wurde. Es ist auch wahrscheinlich, daß Urban II. sich selbst als jemanden betrachtete, der in dieser Hinsicht in die Fußstapfen seines Vorgängers und Meisters trat. Die Belege, die wir besitzen, erlauben es uns aber nicht, mit unseren Behauptungen so weit zu gehen. In Gregors Briefen wird keine klare Verbindung zwischen der geplanten Unternehmung und einer Pilgerfahrt hergestellt, er spricht nicht davon, daß man kämpfen könne, um einen Sündererlaß zu erwerben, und erwähnt mit keinem Wort ein Gelübde, welches zur Folge hat, daß die Soldaten, die es abgelegt haben, in der Heimat einen besonderen Schutz genießen. Bis weitere Dokumente ans Licht kommen, muß man schlußfolgern, daß es nicht wirklich Pläne für einen Kreuzzug waren, die 1074 von ihm geschmiedet wurden, sondern die traditionelle Datierung des Beginns der Bewegung auf das Jahr 1095 korrekt ist und die erste Unternehmung, die zu Recht als Kreuzzug bezeichnet werden kann, auf eine Initiative von Papst Urban II. zurückging.

Man kann sagen, daß die Bewegung definitiv endete, als die Ritter des Johanniterordens, des letzten über einen eigenen Staat gebietenden Ritterordens, der noch zur See gegen die Muslime kämpfte, am 13. Juni 1798 die Herrschaft über Malta an Napoleon Bonaparte abtraten. Zu jenem Zeitpunkt waren viele Elemente, die die Kreuzzüge geprägt hatten, jedoch bereits verkümmert. Die letzten Kreuzzüge, auf die die Definition zutrifft, die ich vorgelegt habe, waren vermutlich der Feldzug von Sebastian von Portugal nach Marokko im Jahr 1578 und die Feindfahrt der spanischen Armada in Richtung England zehn Jahre später. Die Geschichte der Kreuzzugbewegung im siebzehnten Jahrhundert muß zwar noch eingehender erforscht werden, es ist jedoch schon erwiesen, daß die letzte Kreuzzugs-Liga die von 1684 bis 1697 bestehende Heilige Liga war, die den Peloponnes von den Türken zurückzuerobern und für kurze Zeit wieder in christlichen Besitz zu bringen vermochte. Es mag Menschen gegeben haben, die im frühen achtzehnten Jahrhundert das Kreuz nahmen und in den Streitkräften Venedigs oder Österreichs gegen die Türken kämpften, doch je mehr wir uns der heutigen Zeit nähern, desto dichter werden die Nebel und desto mehr ist uns die Sicht verstellt. Es ist dringend erforderlich, intensive Forschungen über die letzte Phase der Kreuzzugsbewegung anzustellen. Bis Ergebnisse vorliegen, kann die Geschichte dieser erstaunlichen und langlebigen Bewegung nicht wirklich zu Ende erzählt werden.

Zeittafel

März 1095	Konzil von Piacenza
Juli–Sept. 1096	Papst Urban II. hält an verschiedenen Orten Frankreichs Kreuzzugspredigten
27. Nov. 1096	Proklamation des Kreuzzugs auf dem Konzil von Clermont
Dez.–Juli 1096	Verfolgung von Juden in Frankreich, Deutschland und Böhmen
1096–1102	**Erster Kreuzzug**
15. Juli 1099	Jerusalem wird von den Kreuzfahrern erobert
1103	Kaiser Heinrich IV. plant einen Kreuzzug
1107–1108	Kreuzzug Bohemunds von Antiochia-Taranto
1108–1109	Kreuzzug Bertrands von St. Gilles
1114	Katalanischer Kreuzzug zu den Balearen
1120–1126	Kreuzzug von Papst Calixtus II. im Vorderen Orient und in Spanien
1120	Gründung des Templerordens
1126	Erste Anzeichen für eine Militarisierung des Johanniterordens
1128–1129	König Balduin II. von Jerusalem unternimmt einen Kreuzzug im Vorderen Orient
1139–1140	Kreuzzug im Vorderen Orient
1145	Papst Eugen III. proklamiert den Kreuzzug mit der Bulle *Quantum praedecessores*
1146	Verfolgung von Juden im Rheinland

1146–1147	Bernhard von Clairvaux (der Heilige Bernhard) hält Kreuzzugspredigten
13. April 1147	Papst Eugen III. autorisiert einen Kreuzzug in Spanien und in den Gebieten nordöstlich der Grenzen Deutschlands

1147–1149   **Zweiter Kreuzzug**

24. Okt. 1147	Einnahme Lissabons
1153	Kreuzzug in Spanien
1157–1184	Wiederholte päpstliche Aufrufe lösen kleine und mittelgroße Feldzüge in den Vorderen Orient aus
1157–1158	Kreuzzug in Spanien
1171	Kreuzzug im Baltikum
1175	Kreuzzug in Spanien
1177	Philipp von Flandern unternimmt einen Kreuzzug in den Vorderen Orient
4. Juli 1187	Die Armee des Königreichs Jerusalem wird von Saladin in der Schlacht von Hattin aufgerieben
2. Okt. 1187	Saladin nimmt Jerusalem ein
29. Okt. 1187	Papst Gregor VIII. proklamiert einen Kreuzzug mit der Bulle *Audita tremendi*
Jan. 1188	In England wird der »Saladin-Zehnt« erhoben

1189–1192   **Dritter Kreuzzug**

1190	Verfolgung von Juden in England
Juni 1191	Richard I. von England nimmt Zypern ein

1193–1230	Der livländische Kreuzzug findet (in der Region des modernen Lettland) statt
1193	Kreuzzug in Spanien
1197–1198	Deutscher Kreuzzug in den Vorderen Orient
1198	Gründung des Deutschen Ordens
Aug. 1198	Papst Innozenz III. proklamiert den Kreuzzug mit der Bulle *Post miserabile*
24. Nov. 1199	Papst Innozenz III. proklamiert einen Kreuzzug in Italien gegen Markward von Anweiler
Dez. 1199	Einführung der Besteuerung der Kirche zugunsten von Kreuzfahrern
1202–1204	**Vierter Kreuzzug**
1204	Papst Innozenz III. gestattet, daß regelmäßig Kreuzfahrer für Kampagnen in Livland angeworben werden
12.–15. Apr. 1204	Plünderung Konstantinopels durch die Teilnehmer am Vierten Kreuzzug
1206	Dänischer Kreuzzug nach Ösel
14. Jan. 1208	Ermordung von Peter von Castelnau, dem päpstlichen Legaten im Languedoc Papst Innozenz III. proklamiert den Kreuzzug gegen die Albigenser
1209–1229	Kreuzzug gegen die Albigenser
1212	Der Kinderkreuzzug Kreuzzug in Spanien
April 1213	Papst Innozenz III. proklamiert den Kreuzzug mit der Bulle *Quia major*

Nov. 1215	Viertes Laterankonzil; eine regelmäßige Besteuerung der Kirche zugunsten der Kreuzfahrer wird zugelassen, und die Erklärung zu den Kreuzzügen *Ad liberandum* wird verabschiedet
28. Okt. 1216	König Heinrich III. von England nimmt das Kreuz und zieht gegen englische Aufständische
1217–1229	**Fünfter Kreuzzug**
1219	Dänischer Kreuzzug nach Estland
1225	Der Deutsche Orden wird nach Preußen geholt
1227	Ein Kreuzzug gegen Häretiker in Bosnien wird autorisiert (Erneuerung der Autorisation im Jahr 1234)
1228–1229	Kaiser Friedrich II. unternimmt einen Kreuzzug in den Vorderen Orient
1229	Der Deutsche Orden beginnt mit der Eroberung Preußens
18. Feb. 1229	Jerusalem wird per Vertrag an die Christen zurückgegeben
1229–1253	Kreuzzug in Spanien unter Teilnahme von Jakob I. von Aragon und Ferdinand III. von Kastilien
1231	Kreuzzug von Johann von Brienne zur Unterstützung Konstantinopels
1232–1234	Kreuzzug gegen die häretischen Stedinger in Deutschland
1239–1240	Kreuzzug zur Unterstützung Konstantinopels

1239–1241	Kreuzzug in den Vorderen Orient unter Leitung von Thibaut von Champagne und Richard von Cornwall
1239	Proklamation eines Kreuzzugs gegen Kaiser Friedrich II. (wiederholt in den Jahren 1240 und 1244)
	Schwedischer Kreuzzug nach Finnland
1241	Proklamation eines Kreuzzugs gegen die Mongolen (wiederholt in den Jahren 1243 und 1249)
11. Juli–23. Aug. 1244	Jerusalem geht an die Muslime verloren
1245	Der Deutsche Orden erhält die Erlaubnis, in Preußen einen permanenten Kreuzzug zu führen
1248–1254	Erster Kreuzzug in den Vorderen Orient von Ludwig dem Heiligen (König Ludwig IX. von Frankreich)
1248	Kreuzzug gegen Kaiser Friedrich II. in Deutschland
1251	Erster Hirtenkreuzzug
1254	Kreuzzug nach Preußen
1255	In Italien wird ein Kreuzzug gegen die Gegner des Papsttums gepredigt
25. Juli 1261	Rückeroberung Konstantinopels durch die Griechen
1265–1266	Kreuzzug von Karl von Anjou nach Süditalien
1269–1272	Zweiter Kreuzzug von Ludwig dem Heiligen
1269	Kreuzzug der Aragonesen in den Vorderen Orient
1271–1272	Englischer Kreuzzug in den Vorderen Orient unter Lord Edward

18. Mai 1274	Auf dem Zweiten Konzil von Lyon wird die Erklärung zu den Kreuzzügen *Constitutiones pro zelo fidei* bekanntgegeben
1283–1302	Kreuzzug gegen die Sizilianer und die Aragonesen
1287	Kreuzzug von Alice von Blois in den Vorderen Orient
1288	Kreuzzug von Johann von Grailly in den Vorderen Orient
1290	Kreuzzug von Otto von Grandson und den Norditalienern in den Vorderen Orient
18. Mai 1291	Die Hafenstadt Akkon wird von den Muslimen eingenommen; bis August haben die Christen ihre letzten Bollwerke auf dem Festland geräumt
1306–1522	Die Johanniter regieren über die Insel Rhodos
1306–1307	Kreuzzug gegen die Anhänger von Fra Dolcino im Piemont
1307	Ein Kreuzzug zur Unterstützung von Karl von Valois, der Ansprüche auf die Herrschaft über Konstantinopel erhebt, wird proklamiert
13. Okt. 1307	Verhaftung aller Templer in Frankreich
1309	Der Volkskreuzzug
	Der Deutsche Orden verlegt seinen Hauptstützpunkt nach Preußen
1309–1310	Kastilischer und Aragonesischer Kreuzzug in Spanien
	Kreuzzug gegen Venedig
1310	Kreuzzug der Johanniter nach Rhodos

3. Apr. 1312	Der Orden der Tempelritter wird verboten
1314	Kreuzzug in Ungarn gegen Mongolen und Litauer (wiederholt in den Jahren 1325, 1332, 1335, 1352 und 1354)
1320	Der Zweite Hirtenkreuzzug
1321	Kreuzzug in Italien gegen die Gegner des Papsttums (1324 ausgeweitet)
1323	Norwegischer Kreuzzug gegen die Russen in Finnland
1325	Kreuzzug in Polen gegen Mongolen und Litauer (wiederholt in den Jahren 1340, 1343, 1351, 1354, 1355, 1363, 1369)
1328	Proklamation des Kreuzzugs gegen König Ludwig IV. von Deutschland Kreuzzug in Spanien
1332–1334	Die erste Kreuzzugs-Liga kämpft im östlichen Mittelmeer
1340	Kreuzzug gegen Häretiker in Böhmen
30. Okt. 1340	Sieg der Kreuzfahrer in der Schlacht von Salado (Spanien)
1342–1344	Kreuzfahrer belagern Algeciras in Spanien
1344	Ein Kreuzzug zu den Kanarischen Inseln wird geplant
28. Okt. 1344	Eine Kreuzzugs-Liga zum Schutz des östlichen Mittelmeerraums erobert Smyrna
1345–1347	Kreuzzug in den Vorderen Orient von Humbert, Dauphin von Viennois
1345	Genueser Kreuzzug zur Verteidigung Kaffas gegen die Mongolen

1348	Kreuzzug von König Magnus von Schweden nach Finnland (wiederholt 1350 und 1351)
1349–1350	Kreuzfahrer belagern Gibraltar
1353–1357	Kreuzzug zur Wiedererlangung der Kontrolle über den Kirchenstaat in Italien
1359	Kreuzzugs-Liga im östlichen Mittelmeerraum
1360	Kreuzzug gegen Mailand (wiederholt in den Jahren 1363 und 1368)
1365–1357	Kreuzzug von Peter I. von Zypern in den Vorderen Orient
1366	Kreuzzug von Amadeus von Savoyen zu den Dardanellen und nach Bulgarien
1383	Kreuzzug des Bischofs von Norwich gegen die Clementisten in Flandern
1386	Kreuzzug des Johann von Gaunt in Kastilien
1390	Kreuzzug nach Mahdia in Nordafrika
1396	Kreuzzug von Nikopolis (das Heer wird am 25. September von den Türken geschlagen)
1398	Proklamation eines Kreuzzugs zur Verteidigung Konstantinopels (wiederholt in den Jahren 1399 und 1400)
1399–1403	Kreuzzug des Jean Boucicaut im östlichen Mittelmeerraum
1420–1431	**Die Hussitischen Kreuzzüge**
1444	Kreuzzug von Varna (das Heer wird am 19. November von den Türken geschlagen)

29. Mai 1453	Konstantinopel wird von den Türken eingenommen
30. Sept. 1453	Proklamation eines neuen Kreuzzugs in den Vorderen Orient
1455	Genueser Kreuzzug zur Verteidigung von Chios
1456	Kreuzzug von Johannes von Capistran gegen die Türken (erfolgreiche Verteidigung Belgrads am 22. Juli)
14. Jan. 1460	Proklamation des Kreuzzugs von Papst Pius II.
15. Aug. 1464	Papst Pius II. stirbt, während er darauf wartet, daß die Kreuzfahrer sich bei Ancona versammeln
31. Dez. 1471	Proklamation eines Kreuzzugs in den Vorderen Orient
1472	Kreuzzugs-Liga im östlichen Mittelmeerraum
1481	Kreuzzug zur Rückeroberung Otrantos von den Türken
1482–1492	Kreuzzug in Spanien
2. Jan. 1492	Granada wird von den Kreuzfahrern eingenommen
1493	Kreuzzug in Ungarn gegen die Türken
1499–1510	Ein spanischer Kreuzzug ermöglicht die Einrichtung von Brückenköpfen an der nordafrikanischen Küste
1. Juni 1500	Proklamation eines Kreuzzugs gegen die Türken
1513	In Osteuropa wird ein Kreuzzug gegen die Türken proklamiert
11. Nov. 1517	Proklamation eines Kreuzzugs gegen die Türken

Juli–18. Dez. 1522	Die Belagerung von Rhodos durch die Türken endet damit, daß die Johanniter die Insel räumen
26. Sept.–Okt. 1529	Erste Belagerung Wiens durch die Türken
1530–1798	Johanniterherrschaft über die Insel Malta
2. Feb. 1530	Proklamation eines Kreuzzugs gegen die Türken
1535	Kreuzzug von Kaiser Karl V. nach Tunis
1537–1538	Kreuzzugs-Liga im östlichen Mittelmeerraum
1541	Kreuzzug von Kaiser Karl V. nach Algier
1550	Kreuzzug von Kaiser Karl V. nach Mahdia
1560	Kreuzzug von König Philipp II. von Spanien nach Djerba und Tripolis
19. Mai–8. Sept. 1565	Erfolglose Belagerung Maltas durch die Türken
1570–1573	Die Heilige (Kreuzzugs-)Liga führt Unternehmungen im Mittelmeer durch
1570–1571	Die Türken erobern Zypern
7. Okt. 1571	Sieg der Flotte der Liga unter dem Kommando von Don Juan d'Austria in der Seeschlacht von Lepanto
11. Okt. 1573	Tunis vorübergehend von Don Juan d'Austria besetzt
1578	Kreuzzug von König Sebastian von Portugal nach Marokko
1588	Die Armada sticht zu einem Kreuzzug gegen England in See

1645–1669	Die Türken fallen auf Kreta ein und erobern die Insel, die von einer Kreuzzugs-Liga verteidigt wird
14. Juli–12. Sept. 1683	Zweite Belagerung Wiens durch die Türken
1684–1697	Die Heilige (Kreuzzugs-)Liga beginnt mit der Rückeroberung der Balkanländer
13. Juni 1898	Malta ergibt sich den Truppen Napoleons

Forschungsliteratur
Eine Auswahlbibliographie

Mit seiner *Bibliographie zur Geschichte der Kreuzzüge* (Hannover, 1960) hat H. E. Mayer ein hervorragendes Verzeichnis der Bücher und Artikel vorgelegt, die vor 1958/59 zu dem Thema publiziert worden sind; seine Bibliographie umfaßt über 5000 Titel. Er veröffentlichte zwei Nachträge dazu: einen, der über die von 1958 bis 1967 erschienene Literatur informiert, unter dem Titel »Literaturbericht über die Geschichte der Kreuzzüge« (in: *Historische Zeitschrift,* Sonderheft III, [1969]), und, zusammen mit J. McLellan, einen zweiten, der die Publikationen von 1967–1982 erfaßt und als »Select Bibliography of the Crusades (in: K. M. Setton [Hg.]: *A History of the Crusades,* Bd. 6 [weitere Angaben s.u.]) veröffentlicht wurde. Es lohnt sich auch, die regelmäßig in der Zeitschrift *Deutsches Archiv für Erforschung des Mittelalters* erscheinenden kurzen Besprechungen Mayers zu konsultieren. Die Auflistungen neu erschienener Titel und Berichte über Arbeiten, die im Entstehen begriffen sind, in *Bulletin of the Society for the Study of the Crusades and the Latin East* geben einen guten Überblick darüber, was Jahr für Jahr zu dem Thema veröffentlicht wird. Die Society plant jetzt die Herausgabe einer Zeitschrift, die den Titel *Crusades* erhalten soll.

Über die Darstellung der Geschichte der Kreuzzüge durch Historiker informiert am besten G. Constable: *The Historiography of the Crusades*. In: *The Crusades from the Perspective of Byzantium and the Muslim World*. Hg. von A. E. Laiou u. R. P. Mottahedeh. Washington, DC, 2001. In dem Abschnitt, in dem er die Kontroverse über die Definition des Begriffes Kreuzzug darstellt, weist Constable die Fachwissenschaftler, die das historische Phänomen erforscht haben, vier verschiedenen Kategorien zu. Im folgenden übernehme ich seine Unterteilung und ergänze sie durch Anmerkungen:

1. Generalisten Ihr herausragendster Vertreter war C. Erdmann: *Die Entstehung des Kreuzzugsgedankens*. Stuttgart, 1935; Neuausg. Darmstadt 1980. Ein moderner Historiker, der in seiner Nachfolge steht, ist E. D. Hehl: »Was ist eigentlich ein Kreuzzug?« In: *Historische Zeitschrift* 259 (1994). Wenn er sich von seinem Ansatz her auch eher an den Relativismus Nietzschescher Prägung anlehnt, sollte man vielleicht auch C. J. Tyerman in diese Gruppe aufnehmen, der seinen Artikel »Were there any Crusades in the Twelfth Century?« (In: *English Historical Review* 110 [1995]) zu einem Buch erweiterte: *The Invention of the Crusades*. Basingstoke, 1998, das jedoch in intellektueller Hinsicht nicht strikt und stringent genug ist, um überzeugen zu können.

2. Popularisten Typische Vertreter dieser Gruppe sind P. Alphandéry und A. Dupront: *La Chrétienté et l'idée de croisade*. 2 Bde. Paris, 1954-1959. Ihr moderner Hauptvertreter ist J. Flori mit seinem: *Pierre l'Ermite et la Première Croisade*. Paris, 1999; sowie: *La guerre sainte: La formation de l'idée de croisade dans l'Occident chrétien*. Paris, 2001.

3. Traditionalisten Der führende Vertreter ist heute H. E. Mayer mit: *Geschichte der Kreuzzüge*. Stuttgart, 1965 [engl.: *The Crusades*. 2. Aufl. Oxford, 1988; siehe aber auch die erste engl. Ausgabe, Oxford, 1972]. Er erhält, wenn auch nur indirekt, Unterstützung von J. Richard mit: *Histoire des Croisades*. Paris, 1996, der die Position der Pluralisten akzeptiert, dann aber darlegt, daß die Kreuzzüge in den Vorderen Orient von einer «inneren Bindung an das Heilige Land» geprägt gewesen seien, die ihnen ihr ganz eigenes Ethos verliehen habe.

4. Pluralisten Das vorliegende Buch und verschiedene andere, die ich verfaßt habe, sowie die Werke von N. J. Housley, E. Siberry und C. T. Maier sind durch einen pluralistischen Ansatz gekennzeichnet. Das trifft auch für die kurze Geschichte der Kreuzzüge von B. Hamilton zu: *The Crusades*. Stroud, 1998. Eine klare und verständliche Verteidigung der Position findet sich in N. J. Housley: *The Later Crusades, 1274-1580: From Lyons to Alcazar*.

Oxford, 1992. Ein farbiges Beispiel für angewandten Pluralismus ist: J. S. C. Riley-Smith (Hg.): *The Atlas of the Crusades*. London, 1991.

Kurze Geschichten der Kreuzzüge, die mehr oder weniger den letzten Forschungsstand widerspiegeln, sind: H. E. Mayer: *The Crusades* (s.o.), in der die Kreuzzüge in den Vorderen Orient vor 1291 behandelt werden, und: J. S. C. Riley-Smith: *The Crusades: A Short History*. London, 1987, in der auch die Unternehmungen auf den anderen Kriegsschauplätzen erfaßt sind und die Bewegung bis ins achtzehnte Jahrhundert hinein verfolgt wird. Eine Darstellung des Phänomens nach verschiedenen Themen gegliedert findet sich bei: J. S. C. Riley-Smith (Hg.): *The Oxford Illustrated History of the Crusades*. Oxford, 1995 [dt.: Illustrierte Geschichte der Kreuzzüge. Frankfurt und New York, 1999.] Von den großangelegten und umfassenden Darstellungen müssen mittlerweile als ausgesprochen überholt gelten: R. Grousset: *Histoire des croisades et du royaume franc de Jérusalem*. 3 Bde. Paris, 1934-1936; sowie: S. Runciman: *A History of the Crusades*. 3 Bde. Cambridge, 1951-1954. Das von K. M. Setton herausgegebene Buch: *A History of the Crusades*. 6 Bde. 2. Aufl. Madison, 1969-1989, leidet an den üblichen Schwächen von Werken, an denen mehrere Autoren mitgearbeitet haben, wenn auch einzelne Kapitel sehr gut sind und andere Kapitel Themen behandeln, zu denen man anderswo nur schwer etwas findet. Eine Fülle neuen Materials zu den späteren Kreuzzügen wird vorgelegt in: K. M. Setton: *The Papacy and the Levant* (1204-1571). 4 Bde. Philadelphia, 1976-1984. Die beste Darstellung der Spätzeit der Bewegung findet sich in: N. J. Housley: *The Later Crusades, 1274-1580* (s.o.). Housley hat auch ein informatives Buch über das vierzehnte Jahrhundert vorgelegt: *The Avignon Papacy and the Crusades, 1305-1378*. Oxford, 1986.

Untersuchungen des Kreuzzugsgedankens sind generell zwei Kategorien zuzuordnen. Zum einen gibt es Autoren, die das Thema unter Bezugnahme auf das Kirchenrecht behandeln; dazu gehören M. Villey: *La croisade: essai sur la formation d'une théorie juridique*. Paris, 1942; J. A. Brundage: *Medieval Canon Law and the Crusades*. Madison, 1969; F. H. Russell: *The Just War in the Middle Ages*. Cambridge, 1975; M. Purcell: *Papal Crusading Policy, 1244-1291*. Leiden, 1975; J. Muldoon: *Popes, Lawyers and Infidels*. Liverpool, 1979. Siehe auch J. A. Brundage: »The Crusader's Wife: A Canonistic Quandary«. In: *Studia Gratiana* 12 (1967) und R. H. Schmandt: »The Fourth Crusade and the Just War Theory«. In: *Catholic Historical Review* 61 (1975). Zum anderen gibt es Autoren, die die Kreuzzüge vor einem umfassenderen theologischen Hintergrund betrachten. Als maßgebliche Untersuchung dieser Art muß immer noch C. Erdmanns *Die Entstehung des Kreuzzugsgedankens* (s.o.) gelten, wenn auch viele seiner Ansichten heute in Frage gestellt werden. (Siehe vor allem J. Gilchrist: »The Erdmann

Thesis and the Canon Law, 1083-1141«. In: *Crusade and Settlement*. Hg. von P. W. Edbury. Cardiff, 1985.) Siehe auch E. Delaruelle: *L'idée de croisade au moyen âge*. Turin, 1980; E. D. Hehl: *Kirche und Krieg im 12. Jahrhundert*. Stuttgart, 1980; J. S. C. Riley-Smith: »Crusading as an Act of Love«. In: *History* 65 (1980); B. Z. Kedar: *Crusade and Mission*. Princeton, 1984. Zu Kritikern der Kreuzzugsbewegung im zwölften und dreizehnten Jahrhundert siehe E. Siberry: *Criticism of Crusading, 1095-1274*. Oxford, 1985.

Ein verwandtes Thema ist das des »Predigens« der Kreuzzüge.
Siehe dazu P. J. Cole: *The Preaching of the Crusades to the Holy Land, 1095–1270*. Cambridge, Mass., 1991; C. T. Maier: *Preaching the Crusades: Mendicant Friars and the Cross in the Thirteenth Century*. Cambridge, 1994; sowie ders.: *Crusade Propaganda and Ideology: Model Sermons for the Preaching of the Cross*. Cambridge, 2000. Ein weiteres Forschungsgebiet, das der Liturgie, wird gerade erschlossen, und ein Buch über Kreuzzugsmessen, clamores und Trentalen von A. Linder, sowie ein weiteres über die Liturgie des Heiligen Grabes von C. Dondi werden sehnlich erwartet.

Zu Untersuchungen der Kreuzzugsliteratur (epische Werke, Lieder und Schauspiele) siehe M. Böhmer: *Untersuchungen zur Mittelhochdeutschen Kreuzzugslyrik*. Rom, 1968; C. T. J. Dijkstra: *La chanson de croisade*. Amsterdam, 1995; P. Hölzle: *Die Kreuzzüge in der okzitanischen und deutschen Lyrik des 12. Jahrhunderts: das Gattungsproblem ›Kreuzlied‹ im historischen Kontext*. 2 Bde. Göppingen, 1980; M. de Riquer: *Los Trovadores: Historia literaria y Textos*. 3 Bde. Barcelona, 1983; S. N. Rosenberg und H. Tischler: *Chanter m'estuet: Songs of the Trouvères*. London und Boston, 1981; D. A. Trotter: *Medieval French Literature and the Crusades (1100-1300)*. Genf, 1988; F.-W. Wentzlaff-Eggebert: *Kreuzzugsdichtung des Mittelalters: Studien zu ihrer geschichtlichen und dichterischen Wirklichkei*t. Berlin, 1960.

R. C. Smails meisterliche Untersuchung, *Crusading Warfare, 1097-1193*. (Cambridge, 1956) hat jetzt eine Fortführung gefunden, nämlich das Werk von C. Marshall: *Warfare in the Latin East, 1192-1291*. (Cambridge, 1992). Die Studie von J. France: *Victory in the East*. (Cambridge, 1994) ist der militärischen Geschichte des Ersten Kreuzzugs gewidmet. Siehe auch von demselben Verfasser: *Western Warfare in the Age of the Crusades, 1000–1300*. London, 1999; sowie: R. Rogers: *Latin Siege Warfare in the Twelfth Century*. Oxford, 1992; J. Pryor: *Geography, Technology and War*. Cambridge, 1988; Y. Friedman: *Encounter between Enemies: Captivity and Ransom in the Latin Kingdom of Jerusalem*. Leiden, 2002; D. Nicolle: *Arms and Armour of the Crusading Era*, 1050-1350. 2 Bde. London, 1999.

Der Kreuzzug war ein Instrument der päpstlichen Monarchie.
Nützliche Studien dazu sind: A. Becker: *Papst Urban II*. (1088-1099). 2 Bde.

Stuttgart, 1964-1988; H.Roscher: *Papst Innozenz III. und die Kreuzzüge.* Göttingen, 1969; M. Maccarone: »Studi su Innocenzo III. Orvieto e la predicazione della crociata«. In: *Italia sacra* 17 (1972); C. R. Cheney: *Pope Innocent III and England.* Stuttgart, 1976; L. Thier: *Kreuzzugsbemühungen unter Papst Clemens V., 1305-1314.* Düsseldorf, 1973. Siehe auch S. Schein: *Fideles Crucis: The Papacy, the West and the Recovery of the Holy Land, 1274-1314.* Oxford, 1991; S. Menache: *Clement V.,* Cambridge, 1998; N. J. Housley: *The Avignon Papacy and the Crusades* (s.o.). Zur Finanzierung der Kreuzzüge und der Entwicklung der Besteuerung der Kirche durch die Päpste siehe vor allem W. E. Lunt: *Papal Revenues in the Middle Ages.* 2 Bde. New York, 1934; sowie ders.: *Financial Relations of the Papacy with England.* 2 Bde. Cambridge, Mass., 1939-1962; P. Guidi (Hg.): »Rationes decimarum Italiae nei secoli XIII e XIV. Tuscia. I. La Decima degli anni 1274-80«. In: *Studi e Testi* 58 (1932).

Beiträge zur Erforschung einzelner Kreuzzüge in den Orient sind: R. J. Lilie: *Byzantium and the Crusader States, 1096-1204.* Oxford, 1994; M. Bull: *Knightly Piety and the Lay Response to the First Crusade: The Limousin and Gascony, c. 970-c.1130.* Oxford, 1993; G. Constable: »The Financing of the Crusades in the Twelfth Century«. In: *Outremer.* Hg. von B. Z. Kedar, H. E. Mayer und R. C. Smail. Jerusalem, 1982; »Medieval Charters as a Source for the History of the Crusades«. In: *Crusade and Settlement.* Hg. von P. W. Edbury; R. Somerville: *The Councils of Urban II.* Bd. 1: *Decreta Claromontensia (Annuarium Historiae Conciliorum, Supplementum I* (1972); J. S. C. Riley-Smith: *The First Crusade and the Idea of Crusading.* London, 1986; sowie ders.: *The First Crusaders.* Cambridge, 1997; R. Chazan: *European Jewry and the First Crusade.* Berkeley, 1987; sowie ders.: *God, Humanity and History: The Hebrew First Crusade Narratives.* Berkeley, 2000; J. Prawer: »The Jerusalem the Crusaders Captured: a Contribution to the Medieval Topography of the City«. In: *Crusade and Settlement.* Hg. von P. W. Edbury; J. Phillips (Hg.): *The First Crusade: Origins and Impact.* Manchester, 1997; J. Shepard: »When Greek meets Greek: Alexius Comnenus and Bohemond in 1097-98.« In: *Byzantine and Modern Greek Studies* 12 (1988), sowie ders.: »Crosspurposes: Alexius Comnenus and the First Crusade.« In: *The First Crusade.* Hg. von J. Phillips; G. Constable: »The Second Crusade as seen by Contemporaries.« In: *Traditio* 9 (1953); J. Phillips und M. Hoch (Hg.): *The Second Crusade: Scope and Consequences.* Manchester, 2001; D. E. Queller und T. F. Madden: *The Fourth Crusade: The Conquest of Constantinople.* 2. Aufl., Philadelphia, 1997; J. Longnon: *Les compagnons de Villehardouin.* Genf, 1978; J. M. Powell: *Anatomy of a Crusade, 1213-1221.* Philadelphia, 1986; W. C. Jordan: *Louis IX and the Challenge of the Crusade.* Princeton, 1979; D. Weiss: *Art and Crusade in the Age of Saint Louis.* Cambridge, 1998; A. Leopold: *How to Recover the Holy Land: The Crusade Proposals of the Late Thirteenth and Early Fourteenth Centuries.* Aldershot, 2000.

Zu dem Versuch, Peter den Einsiedler wieder zum Initiator des Ersten Kreuzzugs zu erheben, siehe E. O. Blake und C. Morris: »A Hermit Goes to War: Peter and the Origins of the First Crusade.« In: *Studies in Church History* 22 (1984); J. Flori: *Pierre l'Ermite* (s.o.).

Zwei empfehlenswerte Bücher über England und die Kreuzzugsbewegung sind: C. J. Tyerman: *England and the Crusades, 1095-1588.* Chicago, 1988; S. Lloyd: *English Society and the Crusade, 1216-1307.* Oxford, 1988. Siehe auch M. Keen: »Chaucer's Knight, the English Aristocracy and the Crusade.« In: *English Court Culture in the Middle Ages.* Hg. von V. J. Scattergood und J. W. Sherborne. London, 1983.

Zur Information über andere Kriegsschauplätze empfiehlt es sich, zusätzlich zu den allgemeinen Darstellungen folgende Untersuchungen zu konsultieren:

Zu den Kreuzzügen in Spanien: D. W. Lomax: *The Reconquest of Spain.* London, 1978; R. A. Fletcher: »Reconquest and Crusade in Spain c. 1050-1150.« In: *Transactions of the Royal Historical Society,* 5th ser., 37 (1987); P. Linehan: *The Spanish Church and the Papacy in the Thirteenth Century.* Cambridge, 1971; R. I. Burns: *The Crusader Kingdom of Valencia.* 2 Bde. Cambridge, Mass., 1967.

Zu den Kreuzzügen im Baltikum: H. Beumann: *Heidenmission and Kreuzzugsgedanke in der deutschen Ostpolitik des Mittelalters.* 2. Aufl. Darmstadt, 1973; E. Christiansen: *The Northern Crusades.* London, 1986.

Zu einem Kreuzzug gegen Mongolen: P. Jackson: »The Crusade against the Mongols.« In: *Journal of Ecclesiastical History* 43 (1991). – Zu Kreuzzügen gegen Häretiker und Gegner der Kirche: N. J. Housley: »Crusades against Christians: their Origins and Early Development, c. 1000-1216.« In: *Crusade and Settlement.* Hg. von P. W. Edbury; M. Roquebert: *L'Epopée Cathare.* 3 Bde. Toulouse, 1970-86 (dies ist die beste Darstellung des Albigenser-Kreuzzugs); S. Lloyd: »*Political Crusades* in England, c. 1215-17 and c. 1263-65.« In: Crusade and Settlement. Hg. von P. W. Edbury; N. J. Housley: *The Italian Crusades.* Oxford, 1982 (die beste Darstellung der politisch motivierten Kreuzzüge in Italien).

Zu den milites ad terminem siehe G. Ligato: »Fra Ordine Cavallereschi e crociata: ›milites ad terminum‹ e ›confraternitates‹ armate.« In: *Militia Christi e Crociata nei secoli XI-XIII.* Mailand, 1992; S. 645-697; zu den Bruderschaften siehe J. S. C. Riley-Smith: »A Note on Confraternities in the Latin Kingdom of Jerusalem.« In: *Bulletin of the Institute of Historical Research* 44 (1971).

Zu Darstellungen der Kreuzzüge in der Kunst, der Musik und der Literatur des neunzehnten und des frühen zwanzigsten Jahrhunderts siehe E. Siberry: *The New Crusades*. Aldershot, 2000.

Ausgangspunkt für jede Beschäftigung mit den Ritterorden vor 1312 ist das Werk von H. Prutz: *Die geistlichen Ritterorden*. Berlin, 1908. Einen generellen Überblick über die Geschichte dieser Vereinigungen bis zum Jahr 1312 gibt A. J. Forey: *The Military Orders from the Twelfth to the Early Fourteenth Centuries*. Basingstoke, 1992. Siehe auch A. Demurger: *Chevaliers du Christ: Les ordres religieux-militaires au Moyen Âge*. Paris, 2002; L. García-Guijarro Ramos: *Papado, cruzadas y órdenes militares, siglos XI-XIII*. Madrid, 1995. Zur Geschichte der Orden in späterer Zeit siehe das Kapitel von A. T. Luttrell in J. S. C. Riley-Smith (Hg.): *The Oxford Illustrated History of the Crusades* (s.o.). Siehe auch A. T. Luttrell und L. Pressouyre (Hg.): *La Commanderie, institution des ordres militaires dans l'Occident médiéval*. Paris, 2002. Viele interessante Abhandlungen sind in den Sammelbänden zu finden, in denen die Beiträge zu internationalen Symposien veröffentlicht sind, die 1992 und 1996 in St. John's Gate, Clerkenwell, stattfanden: M. Barber (Hg.): *The Military Orders: Fighting for the Faith and Caring for the Sick*. Aldershot, 1994; H. Nicholson (Hg.): *The Military Orders*, Vol. 2: *Welfare and Warfare*. Aldershot, 1998. Ein dritter, von W. G. Zajac herausgegebener Band, der Vorträge enthält, die im Jahr 2000 gehalten wurden, wird bald erscheinen.

Informationen zu einzelnen Orden:

Zu den Templern: M. Barber: *The New Knighthood: A History of the Order of the Temple*. Cambridge, 1994; sowie ders.: *The Trial of the Templars*. Cambridge, 1978; A. Demurger: *Vie et mort de l'ordre du Temple*. Paris, 1985; H. Nicholson: *The Knights Templar: A New History*. Stroud, 2001; M. L. Bulst-Thiele: *Sacrae Domus Militiae Templi Hierosolymitani Magistri*. Göttingen, 1974; A. J. Forey: *The Templars in the Corona de Aragon*. London, 1973; S. Cerrini (Hg.): *I Templari, la guerra e la santità*. Rimini, 2000.

Zu den Johannitern: H. J. A. Sire: *The Knights of Malta*. New Haven, 1994; J. S. C. Riley-Smith: *Hospitallers*. London, 1999; sowie ders.: *The Knights of St John in Jerusalem and Cyprus, c. 1050-1310*. London, 1967; H. Nicholson: *The Knights Hospitaller*. Woodbridge, 2001; M. Gervers: *The Hospitaller Cartulary in the British Library (Cotton MS Nero E VI)*. Toronto, 1981; A. T. Luttrell: »The Earliest Hospitallers«. In: *Montjoie: Studies in Crusade History in Honour of Hans Eberhard Mayer*. Hg. von B. Z. Kedar, J. S. C. Riley-Smith und R. Hiestand. Aldershot, 1997; sowie ders.: »The Hospitallers' Early Written Records.« In: *The Crusades and their Sources: Essays Pre-*

sented to Bernard Hamilton. Hg. von J. France und W. G. Zajac. Aldershot, 1998; ders.: *The Hospitallers in Cyprus, Rhodes, Greece and the West (1291-1440)*. London, 1978; ders.: *Latin Greece, the Hospitallers and the Crusades, 1291-1400*. London, 1982; ders.: *The Hospitallers of Rhodes and their Mediterranean World*. Aldershot, 1992; und ders.: *The Hospitaller State on Rhodes and its Western Provinces, 1306-1462*. Aldershot, 1999; J. Sarnowsky: *Macht und Herrschaft im Johanniterorden des 15. Jahrhunderts*. Münster, 2001; N. Vatin: *L'Ordre de Saint-Jean-de-Jérusalem, l'Empire ottoman et la Méditerranée orientale entre les deux sièges de Rhodes (1480-1522)*. Paris, 1994; R. Cavaliero: *The Last of the Crusaders: The Knights of St John and Malta in the Eighteenth Century*. London 1960; V. Mallia-Milanes: *Venice and Hospitaller Malta, 1530-1798: Aspects of a Relationship*. Malta, 1992; sowie ders. (Hg.): *Hospitaller Malta, 1530-1798*. Malta, 1993; A. Hoppen: *The Fortification of Malta by the Order of St John, 1530-1798*. Edinburgh, 1979.

Zu den deutschen Orden: M. Tumler und U. Arnold: *Der Deutsche Orden von seinem Ursprung bis zur Gegenwart*. 5. Aufl. Bad Münstereifel, 1992; U. Arnold (Hg.): *800 Jahre Deutscher Orden*. Gütersloh, 1990; M.-L. Favreau: *Studien zur Frühgeschichte des Deutschen Ordens*. Stuttgart, 1974; M. Tumler: *Der Deutsche Orden im Werden, Wachsen und Wirken bis 1400*. Wien, 1955; W. Paravicini: *Die Preußenreise des Europäischen Adels*. 2 Bde. Sigmaringen, 1989-1995; M. Burleigh: *Prussian Society and the German Order*. Cambridge, 1984; F. Benninghoven: *Der Orden der Schwertbrüder*. Köln, 1965.

Zu den spanischen Orden: A. J. Forey: »The Military Orders and the Spanish Reconquest in the Twelfth and Thirteenth Centuries.« In: *Traditio* 40 (1984); D. W. Lomax: *La Orden de Santiago, 1170-1275*. Madrid, 1965; J. F. O'Callaghan: *The Spanish Military Order of Calatrava and its Affiliates*. London, 1975; L. P. Wright: »The Military Orders in Sixteenth- and Seventeenth-Century Spanish Society.« In: *Past and Present* 43 (1969).

Zu einem englischen Orden: A. J. Forey: »The Military Order of St. Thomas of Acre.« In: *English Historical Review* 92 (1977).

Besonders interessante Werke zur islamischen Geschichte sind: C. Hillenbrand: *The Crusades: Islamic Perspectives*. Edinburgh, 1999; P. M. Holt: *The Age of the Crusades: The Near East from the Eleventh Century to 1517*. London, 1986; C. Cahen: *Pre-Ottoman Turkey*. London, 1968; E. Sivan: *L'Islam et la croisade*. Paris, 1968; M. Brett: »The Near East on the Eve of the Crusades.« In: *La Primera Cruzada Novecientos Años Después*. Hg. von L. García-Guijarro Ramos. Madrid, 1997; M. A. Köhler: *Allianzen und Verträge zwischen fränkischen und islamischen Herrschern im Vorderen Orient*. Berlin, 1991; M.

G. S. Hodgson: *The Order of the Assassins*. Den Haag, 1955; R. S. Humphreys: *From Saladin to the Mongols: The Ayyubids of Damascus 1193-1260*. Albany, 1977; R. Irwin: *The Middle East in the Middle Ages: The Early Mamluk Sultanate, 1250-1382*. London, 1986; D. O. Morgan: *The Mongols*. Oxford, 1986; H. Inalcik: *The Ottoman Empire*. New York, 1973. — Es gibt einige sehr gute Biographien von islamischen Herrschern; zu nennen sind vor allem: N. Elisséeff: *Nur ad-Din*. 3 Bde. Damaskus, 1967; M. C. Lyons und D. E. P. Jackson: *Saladin*. Cambridge, 1982; H. L. Gottschalk: *Al-Malik al-Kamil von Ägypten und seine Zeit*. Wiesbaden, 1958; P. Thorav: *The Lion of Egypt: Sultan Baybars I and the Near East in the Thirteenth Century*. London, 1987.

Nachwort zur deutschen Ausgabe

Das Erscheinen von »What were the crusades?« in deutscher Übersetzung freut mich sehr. Wie alle Historiker, die sich mit der Kreuzzugsbewegung befassen, habe ich den hervorragenden Forschungsbeiträgen deutscher Wissenschaftler – von Friedrich Wilken, dessen Geschichte der Kreuzzüge (1807-1832) eine der ersten mehrbändigen Darstellungen war, über Größen wie Reinhold Röhricht und Carl Erdmann bis hin zu Hans Eberhard Mayer und Rudolf Hiestand, den führenden Fachgelehrten unserer Zeit – sehr viel zu verdanken. Ich sehe es daher als ein Kompliment und eine Ehre an, daß mein Buch nun auch deutschen oder deutschsprachigen Lesern und vor allem auch Studenten zugänglich ist, und hoffe, daß es ihnen ein Forschungsgebiet eröffnet, in dem es äußerst angeregt zugeht.

Einem goldenen Zeitalter der Kreuzzugsforschung, das von 1860 bis 1914 währte, folgten an die vier Jahrzehnte nahezu vollkommener Stagnation, in denen es zu großen Kriegen kam, während derer die Menschen dringendere Probleme hatten. Gelegentlich wurden einzelne zukunftsweisende Arbeiten publiziert, doch die Forschung als Ganzes schritt kaum vorwärts. Natürlich war ein solches Ruhen der Forschung ein notwendiger Hintergrund für die Entstehung von derart ambitionierten mehrbändigen Werken, wie René Grousset und Steven Runciman sie vorgelegt haben. Von den fünfziger Jahren des zwanzigsten Jahrhunderts an begannen die Historiker jedoch, die existierenden Denkmuster aufzubrechen. Wenn auch dabei den Vertretern verwandter Fachgebiete – wie der Geschichte des Mönchswesens, des Kirchenrechts und der arabischen Literatur – eine bedeutende Rolle zukam, waren diese Entwicklungen zugleich Reaktionen auf von außen kommende Denkanstöße und auf eine neue Skala von Prioritäten. Intellektuelle Entwicklungen nach dem Zweiten Weltkrieg – Fortschritte auf dem Feld der Militärpsychologie und neue Erkenntnisse bei der Erforschung von Kriegsneurosen, die die Gründe für undiszipliniertes Verhalten in Kriegszeiten verständlicher machten, ein wiedererwachtes Interesse für die Theorie der »gerechten Gewaltanwendung«, das von der Kontroverse über die Nürnberger Prozesse und von den ersten Debatten über atomare Abschreckung und dem Gleichgewicht der Kräfte zusätzlich genährt wurde – schufen die Voraussetzung für eine nuanciertere Betrachtung des historischen Phänomens.

Die ersten Fortschritte gab es jedoch bei der Erforschung der Geschichte der Siedlungen, die von Kreuzfahrern im Vorderen Orient gegründet wurden, und weniger bei der der Kreuzzugsbewegung selbst, und eine ganze Zeitlang wurzelte die am weitesten verbreitete Erklärung dafür, daß soviele Männer und Frauen in die Kreuzzüge involviert gewesen waren, immer noch in der Ansicht des neunzehnten Jahrhunderts, daß es sich um proto-imperialistische Unternehmungen gehandelt habe. Diese wurden dann durch liberale und marxistische Wirtschaftshistoriker jedes ihnen innewohnenden ideologischen Elements beraubt. Die Überzeugung, daß der Bewegung letztlich materialistische Motive zugrundegelegen hätten, wurde durch Georges Dubys kluge, aber nicht beweisbare These untermauert, daß die Kreuzheere ihre Rekruten aufgrund von Strategien erhielten, mit denen Familien ihr ökonomisches Überleben sicherstellen wollten, sowie durch Joshua Prawers, des israelischen Wissenschaftlers, begeisterte Übernahme der Idee, daß es sich bei der Kreuzzugsbewegung um eine frühe Form des Kolonialismus gehandelt habe.

Die Historiker wären vielleicht weiterhin blind gegenüber den Fakten und dem dokumentarischen Material geblieben, wenn es nicht eine verblüffende Entwicklung außerhalb ihres

Fachgebiets gegeben hätte. Dies waren die vor allem in Südamerika aufkommenden christlichen Befreiungsbewegungen, von denen einige militante Flügel aufwiesen, welche den Einsatz von Gewalt als karitativen Akt, der in Übereinstimmung mit Christi Intentionen für die Menschheit stehe, und als moralisches Gebot rechtfertigten. Heilige Gewalt war auf die Szene zurückgekehrt, und ein Merkmal der letzten vierzig Jahre ist die Propagierung ihres Einsatzes nicht nur durch christliche, sondern auch durch jüdische und muslimische Gruppen gewesen. Es wurde zunehmend schwerer, die Kreuzzüge zu einem typischen Phänomen der »primitiven« Vergangenheit zu erklären, und bei dem sich daraus ergebenden Wechsel der Ansichten wurde die grundlegende Schwäche der Argumente, die dafür angeführt worden waren, daß die Teilnehmer an einem Kreuzzug nur materialistische Beweggründe gehabt hätten, und die Dürftigkeit der Belege, auf denen diese Behauptung basierte, evident.

Seinen ersten Ausdruck fand das neuerwachte Interesse an der Ideologie, die sich hinter den Kreuzzügen verbarg, in Studien zu den Motiven der Armen, die bei den frühen Kreuzzügen einen bedeutenden Teil der Heere gestellt und sich im dreizehnten und vierzehnten Jahrhundert gelegentlich eruptionsartig zusammengeschart hatten, um in den Vorderen Orient zu ziehen. Das Interesse an den Angehörigen der Unterschicht, die auf Kreuzzug gegangen waren – das auch darauf zurückzuführen war, daß man zeitgenössischen Massenbewegungen gesteigerte Beachtung schenkte –, fing an sich zu verflüchtigen, als deutlich wurde, daß sehr wenig Belege für die Ideen und Ideale dieser Menschen existieren. Es war nur natürlich, daß sich die Forschungsarbeit danach vor allem auf die abstrakten Theoreme der Kirchenrechtler und Theologen wie auch auf die Argumente der Päpste und Priester richtete, die zwischen den Intellektuellen und den überzogenen Vorstellungen und Vorurteilen der Adeligen und der Ritter vermittelten. Bei dieser Erforschung der Ideen hat man zwei verschiedene Pfade eingeschlagen, von denen der eine durch das Kirchenrecht und der andere durch die Ideologie im allgemeinen gewiesen wurde. In den letzten dreißig Jahren hat es sowohl in der einen wie in der anderen Richtung eine intensive Forschungsaktivität gegeben, und ein großer Teil davon sollte der Dekonstruktion der Argumente dienen, die Carl Erdmann vorgebracht hatte, dessen Buch zu den seltenen zukunftsweisenden Werken gehört, die in der Zeit zwischen den Weltkriegen geschrieben wurden. Es liegt aber in der Natur intellektueller Bemühungen, daß erweitertes Wissen und umfassenderes Begreifen neue Probleme hervorbringen, die gelöst werden wollen, und was die Erforschung der Kreuzzugsbewegung anbelangt, so dauerte es nicht lange, bis eine entscheidende Frage, die zeitweilig geruht hatte, wieder wach wurde, die Frage: Was eigentlich war ein Kreuzzug?

Man muß zugeben, daß diese Frage nicht leicht zu beantworten ist. Die Kreuzzugsbewegung blieb für eine sehr lange Zeit lebendig. Sie zog sowohl Intellektuelle wie auch die Bevölkerung im allgemeinen in ihren Bann, und an ihr waren Männer und Frauen aus jeder Region Westeuropas und aus allen Klassen der Gesellschaft beteiligt. Sie konfrontiert uns mit Ideen, die von den durchgeistigsten Konstrukten bis hin zu den primitivsten Vorstellungen rangieren, die von den Höhepunkten der Moraltheologie bis in die Niederungen anti-jüdischer Blutfehden hinabführen. Und diese Ideen reagierten aufeinander und untereinander. Da es eine freiwillige Handlung darstellte, auf Kreuzzug zu gehen, mußten Päpste und Priester die theologischen Vorstellungen, die sich damit verbanden, in populärer Form vermitteln, und es war nicht ungewöhnlich, daß volkstümliche Anschauungen sich mit dem verknüpften, was offiziell von der Kanzel herab verkündigt wurde. Versuche, eine Definition von »Kreuzzug« vorzulegen, waren dennoch charakteristisch für die intellektuelle Welt der sechziger und der siebziger Jahre des vergangenen Jahrhunderts, die von Ideengeschichte fasziniert war.

Inzwischen sind nahezu vierzig Jahre vergangen, seitdem Hans Eberhard Mayer darauf aufmerksam gemacht hat, daß zwar intensive Forschung zur Kreuzzugsbewegung betrieben werde, die beteiligten Wissenschaftler ihre Arbeiten aber nicht auf einem allseits anerkannten Ausgangspunkt begründeten, und deshalb eine exakte, klare und von allen akzeptierte Definition des Terminus »Kreuzzug« forderte. In dem vorliegenden kleinen Buch habe ich versucht, eine möglichst einfache Definition vorzunehmen, die einer ersten Orientierung dienen soll. Giles Constable hat die verschiedenen Schulen aufgelistet, denen Wissenschaftler aufgrund ihrer jeweiligen Definition des Begriffes »Kreuzzug« zuzuordnen sind. Er unterscheidet vier Gruppen, nämlich die der

- Generalisten, die glauben, daß jeder Definitionsversuch eher einengend als hilfreich ist, und die Ansicht vertreten, daß jeder Krieg, der von Christen aus religiösen Gründen ausgefochten wurde – das heißt für Gott oder in der Überzeugung, daß man mit Waffengewalt zur Verwirklichung der Intentionen Gottes bezüglich der Menschheit beitragen könne –, ein Kreuzzug gewesen sei. Vom Denken her nahe steht ihnen, meiner Meinung nach, ein Historiker der jüngsten Vergangenheit, der – unter gleichzeitiger Zurückweisung jeder Definition – argumentiert, erst die modernen Fachgelehrten hätten Formen für Ideen und Strukturen gefunden – er sagt »erfunden« –, welche in Wirklichkeit im Laufe der Zeit immer aufs neue so modelliert worden seien, daß sie den Bedürfnissen und Absichten der Kirche und der oberen Schichten der Gesellschaft entgegen kamen, und man deshalb nicht von ihnen behaupten könne, sie besäßen eine unabhängige Existenz;
- Popularisten, die meinen, daß das Wesen der Kreuzzüge durch eine prophetische, eschatolgische und kollektive

rauschhafte Begeisterung geprägt worden sei, zu der es in Kreisen der Bauernschaft und des städtischen Proletariats kam;
- Traditionalisten, die nur die Unternehmungen, die zum Zweck der Wiedereroberung oder der Verteidigung Jerusalems begonnen wurden, als authentische Kreuzzüge betrachten;
- Pluralisten, die behaupten, daß eine große Reihe von Kampagnen, zu denen in Predigten aufgerufen wurde und die von Männern und Frauen ausgetragen wurden, die ein Gelübde abgelegt hatten wie das, welches die Kreuzfahrer leisteten, und die dieselben Privilegien genossen wie diese, auch wenn der Schauplatz vieler dieser Feldzüge eine ganz andere Region als das Heilige Land war, genauso authentische Kreuzzüge darstellten wie die Unternehmungen, deren Ziel Jerusalem war und die der Wiedereroberung oder dem Schutz der Stadt dienen sollten.

Constable hat darauf hingewiesen, daß »die Traditionalisten die Frage stellen, wohin ein Kreuzzug führte. [...] Die Pluralisten hingegen fragen, wie ein Kreuzzug initiiert und organisiert wurde«. Ich gebe in diesem Buch eine Definition von pluralistischer Warte aus. Dieser Ansatz hat bemerkenswerte Konsequenzen für die Erforschung des Themas gehabt, die radikaler sind, als wir – seine Hauptvertreter – vorhersehen konnten, weil sich die Logik unserer Position nur allmählich zeigte.

1. Der Orient wurde zu einem von vielen Schauplätzen, auf denen Kreuzfahrer Krieg geführt hatten, und diese Abschwächung seiner Gewichtigkeit brachte es mit sich, daß die Muslime etwas von ihrer Bedeutung innerhalb der Geschichte der Kreuzzüge verloren. Natürlich gab die bewaffnete Wallfahrt nach Jerusalem, zumindest in den ersten zweieinhalb Jahrhunderten der Bewegung, das Modell ab, vor dem alle anderen vergleichbaren Unternehmungen gesehen wurden, und es trifft auch zu, daß Muslime nicht nur im Vorderen Orient, sondern

ebenfalls in Nordafrika und in Spanien und – vom späten vierzehnten Jahrhundert an – in der Ägäis und auf dem Balkan die Hauptgegner der Kreuzfahrer waren. In den Augen der Pluralisten teilten sie sich aber die Rolle des Feindes mit den heidnischen Wenden, den Balten und Litauern, mit den schamanistischen Mongolen, mit den orthodoxen Russen und Griechen, mit katharischen und hussitischen Häretikern und mit Gegnern des Papsttums innerhalb der katholischen Kirche. Daraus folgte, daß Palästina und Syrien, die beiden ersten Schlachtfelder, auf denen die Kreuzfahrer gegen den Islam gekämpft hatten, sich die Aufmerksamkeit der Wissenschaftler mit Zentral- und Südspanien, mit Preußen und den baltischen Regionen, mit Griechenland und der Ägäis, mit dem Balkan und mit Zypern, Rhodos, Kreta und Malta teilen mußten; eine tiefe Ironie liegt darin, daß bis zum vierzehnten Jahrhundert alle »Kreuzfahrerstaaten«, die es im östlichen Mittelmeerraum gab, auf christlichem und nicht auf muslimischen Territorium begründet worden waren.

2. Im Jahr 1291 wurden die Europäer endgültig aus dem Gebiet der Levante vertrieben; für die Pluralisten ist das aber nur ein Ereignis zwei Jahrhunderte nach Beginn einer Bewegung, die noch weitere mindestens vierhundert Jahre lebendig bleiben sollte, da sie nämlich ihre Authentizität behielt, auch wenn der ursprüngliche Zielpunkt – Jerusalem – in den Hintergrund getreten war. Es ist kein Zufall, daß ein führender Vertreter des Pluralismus, Norman Housley, nicht nur Experte für die Kreuzzüge in Italien im dreizehnten und vierzehnten Jahrhundert, sondern auch für die späten Kreuzzüge ist. Vor dreißig Jahren gab es kaum Veröffentlichungen über letztere, die der Lektüre wert waren, doch in den letzten Jahren sind Bücher über sie publiziert worden, in denen das Ende der Kreuzzüge auf die Jahre 1521, 1569, 1580, 1588 und 1798 angesetzt wird. Es ist heute klar, daß die Bewegung im vierzehnten Jahrhundert sich alles andere als im Niedergang befand, sondern viel-

mehr genauso lebendig war, wie sie es im dreizehnten Jahrhundert gewesen war. Sogar noch Verblüffenderes erbrachte die Beschäftigung mit dem Beginn des sechzehnten Jahrhunderts. Frühe moderne Historiker hatten gelegentlich schon den erbitterten Kampf der Spanier um Nordafrika, der Anfang jenes Jahrhunderts stattfand, als einen Kreuzzug bezeichnet, doch jetzt wurde von den Pluralisten der Beweis erbracht, daß es sich wirklich genau um einen solchen gehandelt hatte. Mit der Geschichte spanischer Kreuzzüge im Mittelmeerraum ist die des Ordensstaats der Johanniter verbunden, der von Kaiser Karl V. auf Malta eingerichtet wurde, um den Seeweg von Konstantinopel nach Nordafrika zu blockieren. Malta fiel erst 1798, und dann nicht unter die Herrschaft der Muslime, sondern die Napoleons, der ironischerweise auf dem Weg nach Ägypten war, und zwar an der Spitze eines Invasionsheers, das sich definitiv nicht auf einem Kreuzzug befand.

3. Die Aufmerksamkeit vieler Historiker wurde wieder auf Europa gelenkt, sie wandten sich dem Denken von Priestern und ihren Zuhörern zu, dem Einfluß sozialer Netzwerke und den Manifestationen grundlegender Ideen, beschäftigten sich mit den in Rom geführten Diskussionen um Strategien, Debatten über Finanzen und mit den Mandaten, welche den Legaten übertragen wurden, die die Anwerbung von Kämpfern für die Kreuzheere organisierten. Sogar Historiker, die sich mit dem sogenannten »fränkischen« Teil des Vorderen Orients befaßten, begannen immer mehr, die Verbindungen mit Europa zu betonen, die die dortigen Siedler aufrechterhielten. Diese neue Ausrichtung des Forschungsinteresses verstärkte sich noch, als man erkannte, daß sogar für den Zeitraum des zwölften und dreizehnten Jahrhunderts, über den viele Wissenschaftler arbeiteten, große Mengen von Quellenmaterialien – Urkundenbücher, Register, Briefe und Geschäftsbücher, Gesetzestexte, Verwaltungs- und Gerichtsprotokolle – noch nicht erschlossen worden waren. Es kann nicht oft genug hervorgehoben werden,

daß Kreuzzüge strapaziöse, desorientierende, beängstigende, gefährliche und teure Unternehmungen waren. Die Kosten für sie waren von Anfang an hoch, und sie stiegen im Laufe der Jahrhunderte weiter an; ein wichtiges Thema, das es im Zusammenhang mit der Geschichte der Kreuzzüge zu erforschen gilt, sind die Versuche säkularer Regierungen und der Kirche, durch Steuern Mittel zusammenbekommen, mit denen man die Kreuzfahrer unterstützen konnte. Wenige von ihnen ließen sich in den eroberten Territorien nieder, und noch weniger kamen mit Reichtümern zurück, es sei denn mit Reliquien, die sich jedoch auf legalem Weg nicht zu Geld machen ließen. Historiker, welche die Ansicht in Frage stellten, die Kreuzfahrer seien durch die Aussicht auf Profit motiviert worden, mußten nach anderen Gründen dafür suchen, daß sich immer wieder neue Freiwillige fanden, denn sonst hätte die über Jahrhunderte anhaltende Begeisterung für die Bewegung nicht erklärt werden können. Was die Ritterorden betraf, so begann das Interesse sich zu verlagern; man widmete sich weniger der Organisation und den kriegerischen Unternehmungen ihrer militanten Konvente im Vorderen Orient, sondern befaßte sich statt dessen mit der Verwaltung ihrer Besitzungen und dem Leben in ihren Kommandanturen in Europa, wo die Brüder das erwirtschafteten, was nötig war, um die Konvente im Orient funktionsfähig zu erhalten.

Nach anfänglicher Euphorie darüber, mit dem pluralistischen Ansatz eine intellektuelle Basis erarbeitet zu haben, die eine für Arbeitszwecke ausreichende, sinnvolle Definition der Kreuzzugsbewegung ermöglichte und ein sowohl in räumlicher als auch in zeitlicher Hinsicht gewaltiges neues Panorama eröffnete, zeigte sich natürlich, daß der Pluralismus kein Allheilmittel war. Es war ein »Modell«, erschaffen zu einer Zeit, als Modelle en vogue waren; die betrübliche Tatsache ist allerdings, daß kein Modell sich jemals als bis ins letzte auf die Realität anwendbar erwiesen hat: Menschen gehen niemals ganz geordnet vor, und ihre Konstrukte sind niemals in sich konsistent. Dennoch liefert der Pluralismus immer noch die zufriedenstellendste Arbeitshypothese, die es gibt. Sie ist nicht vollkommen, doch fällt es, wie sich gezeigt hat, schwer, eine bessere zu erarbeiten, was der Grund dafür ist, daß sich die meisten Historiker, die sich heutzutage mit der Kreuzzugsbewegung befassen, an sie halten. Überdies scheinen neuere Erkenntnisse ihre Gültigkeit zu bestätigen: Die Untersuchung von Predigten, eines der Gebiete, mit dem man sich heute im Zusammenhang mit der Erforschung der Kreuzzugsbewegung immer eingehender beschäftigt, hat weitere Belege dafür erbracht, daß man sich unabhängig davon, in welche Regionen die Heere aufbrachen, einer ganz ähnlichen Sprache bediente. Und Untersuchungen der liturgischen Elemente in Gottesdiensten, die in Europa im Zusammenhang mit Kreuzzügen in das Heilige Land abgehalten wurden, zeitigen vergleichbare Resultate. Meine Argumentation ist daher nach wie vor stichhaltig, das heißt auch unter Berücksichtigung neuerer Forschungsergebnisse, die unseren Einblick von Jahr zu Jahr erweitern. Ich bin mir inzwischen vor allem des Buß-Aspekts der Kreuzzüge und der Art und Weise, in der dieser die ganze Bewegung prägt, viel bewußter geworden. Ich glaube jetzt, daß es das bestimmendste Merkmal der Kreuzzüge war, daß sie zum Zweck der Buße angetreten wurden.

Im Lauf von mehr als vierzig Jahren Forschungsarbeit habe ich versucht, die Kreuzfahrer und die Ideen, denen sie Ausdruck verliehen, zu verstehen, wobei mir immer mehr bewußt wurde, daß wir nicht sehr tief in das Denken von Männern und Frauen, die in einer fernen Vergangenheit gelebt haben, einzudringen vermögen. Ich habe die Kreuzfahrer als das akzeptiert, was sie waren, und ich habe mich geweigert, ein Urteil über sie zu fällen. Ich habe mich ihnen auf jene Weise genähert, in der ein Anthropologe – jedenfalls meiner Vorstellung nach – Menschen mit einer anderen ethischen Einstellung und anderen

Prioritäten, als er selbst sie besitzt, studieren sollte. Wie andere, die sich mit dem Thema beschäftigen, untersuche ich jedoch eine mittlerweile in Diskredit stehende Bewegung und ein inzwischen suspektes Gedankengut, und ich muß der Tatsache ins Auge blicken, daß die Kreuzzüge heute aufgrund von Ansichten, die sich im neunzehnten Jahrhundert über sie ausbildeten, verzerrt gesehen werden. Ein Zeichen dafür, daß die Bewegung wirklich an ihrem Ende angelangt war, war ihre Romantisierung durch Künstler wie Sir Walter Scott und Giuseppe Verdi. Hinzu kam die moralisch begründete Abscheu vor ihnen von liberalen Denkern, die in Nordeuropa und Amerika noch eine zusätzliche Nuance durch die protestantische Ablehnung von etwas erhielt, was man als typische Manifestationen katholischer Bigotterie und fanatischen Glaubenseifers ansah. Gegen Ende des Zeitalters positiv bewerteter imperialistischer Kreuzzüge wurde die historische Bewegung säkularisiert, ihres Ethos entkleidet und mit Hilfe sozialer und ökonomischer Termini zu einer Vorform des Kolonialismus erklärt. Diese Ansichten, die Bilder von Kreuzzügen und Kreuzfahrern hervorbrachten, die reine Karikaturen waren, herrschen immer noch vor und deformieren die Darstellung der Kreuzzüge sowohl in wissenschaftlichen wie in volkstümlichen Geschichtswerken. Ich bin immer der Meinung gewesen, daß wir sie um der Objektivität willen und auch aus Empathie – um wirklich mit den Menschen der damaligen Zeit mitempfinden zu können – aufgeben müssen. Wenn wir das nicht tun, werden wir niemals eine Bewegung verstehen, die das Leben der Vorfahren jedes einzelnen von uns, sofern er europäischer Herkunft ist, tangierte.

Jonathan Riley-Smith, Cambridge

Register, zusammengestellt von Peter Guttmann

Die folgenden Abkürzungen werden verwendet:

A	Abt (von)	B	Bischof (von)	E	Erzbischof (von)
G	Graf (von)	Ka	Kaiser (von)	Kö	König (von)
Kn	Königin (von)	p. Leg.	Päpstlicher Legat		

A

Achard von Saintes 126f.
Adhémar von Monteil, B Le Puy 27, 49, 87
Adolf, G Berg 118
Ägäis 142
Ägypten 30-31, 35, 75, 84, 117f., 126, 130
Aimery von Courron 125ff.
Akkon 84, 130, 152
Albigenser, Kreuzzug gegen die 36, 92, 116, 128, 149
Alcantara, Orden von 138
Alexander II., Papst 95
Alexander III., Papst 78
Alexandria 30, 84, 133ff.
Alexios I. Comnenus, Byzantinischer Ka 26, 29
Alfons I., Kö Aragon 50
Alfons VIII., Kö Kastilien 32
Alfons, XI., Kö Kastilien 32
Algeciras 133ff., 153
Algier 156
Alice, Herzogin von Blois 152
Amadeus, G Savoyen 154
Amboise 124, 127
Ancona 155
  Gemarkung 39
Angers 27
Anjou 126, Grafen von 124; *und siehe einzelne Grafen*
Anselm, Hl., E Canterbury 96
Antalya 133ff.
Antiochia 21, 125f.
Aragon 151f.
Armada, Spanische 145, 156
Arnulf, B Lisieux, p. Leg. 86
Askalon, Schlacht von 126
Asti 116
Augustinus, Hl., B Hippo 15, 20, 48, 60f., 83
Ayas 133ff.

B

Bagdad 29
Balduin II., Kö Jerusalem 123f., 127, 147
Balearen 147
Balkan 31, 115, 136, 142, 157
Baltikum 13, 52, 121, 134, 148
  Balten 33, 141
Barbastro 95
Basel 72
Belgrad 155
Belval, Abtei 98
Bernhard, Hl., A Clairvaux 21f., 33, 44, 51, 63, 66, 68, 71, 73, 86, 94f. , 97, 105, 108, 137
Bertrand von St. Gilles 147
Bessarion, Kardinal 73
Bohemund von Antiochia-Taranto 147

Böhmen 147, 153
Bonifazius, Marques von
  Montferrat 117
Bonifazius VIII., Papst 37
Bosnien 150
Bourcq von Rethel, Familie 124
Bourges 51
Britannien 7, 67, 70, 128; siehe
  auch England
Broyes, Familie 124
Bulgarien 154
Byzantinisches Reich 26, 28, 35,
  43, 49, 57, 88, 90, 142,
  Kirche 28, 62, 88, 142

C

Calatrava, Orden von 138
Calixtus II., Papst 12, 48ff., 53, 147
Canterbury, Klerus von 79
Châteaudun, Bruderschaft von 116
Chaucer, Geoffrey 133ff.
Chaumont-en-Vexin, Familie 124
Childerich III., Kö Franken 56
Chios 155
Christus, Orden von 138
Civitate, Schlacht von 108
Clemens III., Papst 79f., 82
Clemens III., Gegenpapst 56f.
Clementisten 154
Clermont 21, 26f., 67, 90, 103;
  siehe auch Konzile der Kirche
Cluny, Abtei von 29, 123
Colonnas 37
Compostela, E 32
Corba von Thorigné 125ff.
Cornwall, Kreuzfahrer in 115
Courtenay, Familie 124
Cremona 57

D

Damietta 30, 84, 130
Dänemark 20f., 70, 149f.
Dardanellen 154

Derby, Earl von 135
Deutscher Orden 52, 134, 138ff.,
  149ff., 152
  Reysen des 134
Deutschland 21f., 26, 33, 37, 41,
  43, 45, 56, 68, 70f., 118, 128,
  147, 149ff.
Deutschritter siehe Deutscher Orden
Djerba 156
Dolcino, Fra 152
Dominikaner 70f.

E

Edessa 50f.
Edward, Lord (später Kö England)
  76, 117, 151
Elbe, Fluß 33
England 40, 62, 76, 80, 113, 115f.,
  145, 148, 151
  siehe auch Britannien
Estland 150
Eudes von Burgund, G Nevers 116
Eudes von Châteauroux, Kardinal-
  B Tusculum, p. Leg. 45, 70
Eugen III., Papst 12, 22, 29, 33, 49,
  51, 68, 86, 105, 148

F

Ferdinand III., Kö Kastilien 32f.,
  150
Ferdinand V., Kö Kastilien, II
  Kö Aragon 32
Finnland 151, 153f.
Flandern 70, 154
Frankreich 7, 26f., 43, 51, 57, 62,
  67ff., 75f., 79, 80, 86, 115f., 125,
  129, 132, 135, 147
  französisches Regiment im
  Heiligen Land 129ff.
Franziskaner 70f.
Friedrich II., westlicher Ka 12, 39ff.,
  43, 59, 151
Fulkus IV., G Anjou 124, 126

Fulkus V., G Anjou 127
Fulkus von Neuilly 68

G
Galiläa 123
Gascogne 70
Genua 153, 155
  Klerus von 79
Georg, G Wied 118
Gibraltar 154
  Straße von 135
Gil Albornoz, p. Leg. 87
Gottfried von Sergines der Jüngere 129
Gottfried von Sergines 129ff.
Gottfried von Villehardouin 35, 106f.
Gottfried, B Langres, p. Leg. 86
Granada 123f., 135, 155
Gratian, Kirchenrechtler 34, 102
Gregor IX., Papst 41, 77, 82
Gregor VII., Hl., Papst 34, 49, 55ff., 95, 143ff.
Gregor VIII., Papst 99, 104, 113, 148
Gregor X., Papst 23f., 67, 76f., 84
Griechenland *siehe* Byzantinisches Reich;
Guy II. von Montlhéry 123f.
Guy, p. Leg. 86

H
Hattin, Schlacht von 61, 148
Heilige Liga 145, 157
Heiliges Land 7, 11ff., 23f., 29, 31, 35, 37f., 41, 63, 75ff., 81, 84, 88, 101, 116f., 129ff., 137, 140f.; *siehe auch*
Jerusalem, Königreich von
Heinrich II., Kö England 62, 76
Heinrich III., Kö England 150
Heinrich IV., Kö Deutschland, Ka 55ff., 144, 147
Heinrich VI., westlicher Ka 39
Heinrich von Segusio
  siehe Hostiensis
Heinrich von Marcy, p. Leg. 35, 70f.
Henry Grosmont, Herzog von Lancaster 135
Hinco von Serotin 113
Hirtenkreuzzüge 66, 151, 153
Hl. Lazarus, Orden des 138
Hl. Thomas, Orden des 138
Hodierna von Gometz 123f.
Honorius III., Papst 81
Hospitaller siehe Johanniterorden
Hostiensis, Kirchenrechtler 21, 37, 39, 42
Hugo IV., Herzog von Burgund 129
Hugo von Chaumont-sur-Loire, Herr von Amboise 124ff.
Hugo von Le Puiset, Lord von Jaffa 123
Hugo von St Victor 102
Humbert von Romans 24f
Humbert, Dauphin von Viennois 153
Hussiten 142, 154

I
Innozenz II., Papst 39
Innozenz III., Papst 13, 22f., 33f., 36f., 39, 46, 49, 54, 59, 62, 64, 67ff., 71, 78ff., 84, 87f., 100, 106, 111, 128, 149
Innozenz IV., Papst 12, 24f., 52, 59
Innozenz XI., Papst 23
Irland 70
Isabella, Kn Kastilien und Aragon 32
Isidor von Sevilla, Hl. 15f.
Israel 7
Italien 26, 57, 67, 70, 149, 151, 153f.
Ivo, Hl., B Chartres 96

J

Jaffa 123
Jakob I., Kö Aragon 32, 84, 150
Jakob von Vitry, B Akkon 46, 69, 107f., 137f.
Jean Boucicaut, Marschall von Frankreich 125f., 154
Jerusalem, Königreich 30f., 43, 72, 117, 127, 130f., 148;
Jerusalem, Stadt von 11, 13, 17, 27-30, 32, 61f., 72, 85, 92, 96, 99f., 103, 105, 120, 122f., 126f., 137, 144, 147f., 151
Heiliges Grab, Kirche von 28, 34, 71, 91, 99, 126, 144
Ölberg 127
St. Maria vom Tal Jehoshaphat, Abt von 123
Johann von Brienne, Kö Jerusalem 30, 150
Johann von Gaunt 154
Johann von Grailly 152
Johann von Joinville 109, 130, 132
Johann, Kö England 76
Johannes von Capistrano, Hl. 115, 155
Johannes XXII., Papst 12
Johanniterorden 68, 80, 138f., 140, 147, 152, 156
Joscelin von Courtenay, G Edessa 123
Juan d'Austria, Don 156

K

Kaffa 153
Kairo 29
Kaiser, westlicher 56f.
Kalifen 29
Kanarische Inseln 153
Karl der Große, Ka 21
Krönung von 56
Karl I. von Anjou, Kö Sizilien 129, 151
Karl V., Ka 156
Karl von Valois 152
Kastilien 128, 152, 154
Katalonien 147
Katharer 34, 36, 43, 80, 128, 142
Kinderkreuzzug 66, 149
Kleinasien 26, 66, 135, 143
Köln 69
Komanien 137
Königsberg 134
Konrad, Kardinal-B Porto 70
Konrad, Sohn Heinrichs IV. von Deutschland 57
Konstantinopel 26, 35f., 62, 88, 149ff., 152, 155
Konzile der Kirche 63
Clermont 21, 27, 67, 90, 103, 112, 147
Erstes Laterankonzil 32, 50, 112
Drittes Laterankonzil 34
Viertes Laterankonzil 37, 40, 52, 54, 67, 81, 87, 150
Zweites Konzil von Lyon 67, 81, 85, 152
Marmoutier 26
Nîmes 26
Piacenza 26, 49, 57, 90, 147
Pisa 39
Trient 63
Kreta 157
Kreuzzüge 8ff.
Erster 17, 21, 23, 26-31, 39, 44f., 49ff., 57, 62, 66ff., 75, 87, 92, 100f., 110f., 117, 119, 123ff., 147
Zweiter, 21, 33, 45, 66, 68, 75, 86, 105, 148
Dritter 35, 72, 78, 104, 117, 127f., 148
Vierter 35ff., 39, 62f., 68, 79, 88f., 106f., 117, 149
Fünfter 30, 79, 84, 118, 128, 150
gegen Häretiker und Schismatiker 13, 25, 34f., 52, 137, 142, 150, 153

gegen westlich gelegene Mächte 11, 13, 25, 39ff., 59f., 62f., 141, 149ff.
in Nordost- und Osteuropa 12ff., 21, 25, 33f., 121, 134f., 142, 147ff.
in Spanien 12ff., 25, 31ff., 50, 121, 128, 134f., 142, 147ff.
des Hl. Louis *siehe* Louis IX
im Orient 10, 12ff., 26ff., 36ff., 45, 50, 65, 75, 84, 91, 115, 121, 127, 129ff., 134f., 142f., 147ff.
Kreuzzugs-Ligen 43, 85, 145, 153ff.

L

La Forbie, Schlacht von 129
Languedoc 35, 92, 128, 149
Le Mans 27
Le Puiset-Breteuil, Familie 124
Le Puy 27
Leo IX., Papst 108
Leopold VI., Herzog von Österreich 128f.
Lepanto, Seeschlacht von 156
Liebe, Kreuzzug aus 94, 108f.
Liège, Diozöse von 69
Limassol 84
Limoges 27
Lincolnshire, Kreuzfahrer in 115
Lisois von Amboise 125
Lissabon 148
Litauen 52, 134, 142, 153
Livland (Lettland) 33f., 133f., 137
Kreuzzug 13, 34, 149
Loches 126
Lombardei 41, 68, 116
Longpont-sous-Montlhéry, Abtei 123
Lothringen 98
Ludwig I. (der Fromme) 21
Ludwig IV., Kö Deutschland 153
Ludwig VII., Kö Frankreich 44, 51f., 62, 71, 75f., 117
Ludwig IX., Hl., Kö Frankreich 52, 75f., 79, 84, 109, 129f., 132, 151
Lund, Erzbischof von 69

M

Ma'arrat 126
Magnus, Kö Schweden 154
Mahdia 136, 154, 156
Mailand 41, 154
Erzbischof von 73
Malta 139, 141, 145, 156f.
Mansurah 130
Margaret von Sergines, Äbtissin von Montvilliers 129
Marienburg 134
Maritain, Jacques 17
Markward von Anweiler 39f., 63, 149
Marmoutier, Abtei von 26, 124
Marokko 133ff., 145, 156
Martin, A Paris 72f.
Matilda, Gräfin von Tuscien 95
Meister Jakob aus Ungarn 66, 71
Michael VII., Byzantinischer Ka 143
Mongolen 142, 151, 153
Montesa, Orden von 138
Montlhéry, Familie 123f.
Muslime 25, 28, 32, 37, 40, 45f., 50f., 72, 90, 99, 123, 129, 135f., 137f., 142, 151f.

N

Napoleon 145, 157
Nicäa 126
Niederlande 118
Niger, Ralph 65
Nikolas von Köln, Knabenprediger 66
Nikopolis, Kreuzzug von 136, 154
Nîmes 26f.
Nogent-le-Rotrou, Abtei von 18
Nordafrika 32, 136, 142, 154f.
Normandie 86

Normannen in Süditalien 108
Norwegen 70, 153
Norwich, Bischof von 154

O

Oktavian, Kardinal-B Ostia, p. Leg. 76
Oliver, scholasticus von Köln 69
Orderic Vitalis 104
Orvieto 67
Ösel 149
Osmanen 31, 85, 115, 145f., 154ff.
Österreich 146
Otranto 155
Otto von Grandson 152
Ottobuono Fieschi, p. Leg. 70

P

Palästina siehe Heiliges Land
Paris 129
Paschalis II., Papst 31
Pelagius, Kardinal-B Albano, p. Leg. 87
Peter Capuano, p. Leg. 89
Peter der Ehrwürdige, A Cluny 38
Peter der Einsiedler 49, 66, 71,
Peter I., Kö Zypern 135, 154
Peter III., Kö Aragon 42
Peter Thomas, p. Leg. 87
Peter von Blois 105
Peter von Castelnau, p. Leg. 36f., 149
Peter von Sergines, E Tyros 129
Philipp II. (Augustus), Kö Frankreich 36f., 62, 76, 117
Philipp II., Kö Spanien 156
Philipp, G Flandern 148
Piacenza 26, 49, 57; siehe auch Konzile der Kirche
Piemont 152
Pisa 39, 116
Pius II., Papst 155
Poitiers 27

Polen 142, 153
Pont-Echanfray, Familie 124
Preußen 52, 133ff., 139, 151f.

R

Radulf, Zisterziensischer Prediger 66
Raimund von St. Gilles, G Toulouse 75
Ralph Niger 65
Regensburg, Bischof von 69
Reims, Erzbischof von 100
Rheinland 66, 118, 147
Rhodos 135, 139, 141, 152, 156
Richard I., Kö England 117, 128, 148
Richard, Earl von Cornwall 151
Robert de Cléry 35
Robert der Mönch 21
Robert II., Herzog der Normandie 75
Robert von Courçon, p. Leg. 79
Robert von Roches-Corbon 125, 127
Rom 41, 56, 64, 82, 102
Römisches Reich 21, 24, 31, 56
Rotrou von Perche, H Mortagne 18
Rußland 133f., 142, 153
Rutebeuf 132

S

Saladin, Sultan von Ägypten und Syrien 30, 72, 148
Salado, Schlacht von 153
Saldin-Zehnt 76, 148
Salisbury, Earl von 135
Santiago, Orden von 138
Sachsen 33
Schweden 69, 151
Sebastian, Kö Portugal 145, 156
Seldschukische Türken und Königreich 29, 143
Sens 129

Siena 116
Simon, E Tyros, p. Leg. 79
Sizilien, Königreich von 39, 152
Slawen 33, 43, 45
Smyrna 153
Spanien 7, 31ff., 43, 45, 50, 65, 95, 116, 121, 128, 133f., 137, 142
St. Gilles 27
St. Jacques-de-Provins, Abt von 129
St. Valéry, Familie 124
St. Victor, Schiff 115
Stedinger siehe Häretiker
Stephan Vendomais, Knabenprediger (legendär) 66
Suger, A St. Denis 51

T

Templerorden (Orden der Tempelritter) 68, 80, 137ff., 147
Theodwin, Kardinal-B Porto, p. Leg. 86
Thibaut IV., Kö Navarre, G Champagne 84, 117, 129, 151
Thomas von Aquin, Hl. 101, 137
Toskana 116
Toulouse 116
Tours 27, 124, 127
Tripolis (Nordafrika) 156
Tunis 109, 156
Türken 21, 26, 31, 66, 85; *siehe auch* Osmanen, Seldschukische Türken und Königreich
Tyros 50

U

Ungarn 41, 69, 142, 153, 155
Meister Jakob aus, Kreuzzugsprediger 66, 71

Uppsala, Erzbischof von 69
Urban II., Papst 12, 21, 23, 26ff., 31, 45, 48, 53, 56, 60, 64f., 67, 70f., 75, 87, 90, 93ff., 103ff., 112, 124f., 144f., 147
Urban IV., Papst 131

V

Varna, Kreuzzug von 154
Vendomais, Stephan 66
Venedig 89, 146, 152
Verbrecher als Kreuzfahrer 115
Vézelay 71, 73
Viktor III., Papst 56

W

Waldemar II., Kö Dänemark 22f.
Waleran von Le Puiset 123
Wenden 142
Wien, Belagerungen von 156f.
Wilhelm von Bures-sur-Yvette, Herr von Galiläa 123
Wilhelm, E Tyros 124
Wilhelm, G Holland 118
Winrich von Kniprode, Großmeister des Deutschen Ordens 134

Y

York, Erzbischof von 71

Z

Zacharias, Papst 56
Zypern 84, 135, 148, 156

Lebendig erzählte Geschichte in Wagenbachs anderen Taschenbüchern

William Montgomery Watt
Der Einfluß des Islam auf das europäische Mittelalter

Die arabische Expansion hat die westliche Welt fast immer nur als Bedrohung, kaum je als Bereicherung erfahren. Dabei brachten die Araber nicht nur Lehren der Naturwissenschaften wie der Physik, Astronomie, Geographie, Mathematik und Medizin aus der Welt des antiken Griechentums nach Europa, sondern auch Poesie und Musiktheorie, und nicht zuletzt Vorstellungen von einem verfeinerten Leben, wie es sich die Europäer bis dahin nicht hatten träumen lassen.

»Watt gelingt es mühelos, die Bedeutung der islamischen Welt für die geistige Entwicklung Europas deutlich zu machen.«
  Johann Michael Möller, Frankfurter Allgemeine Zeitung
Aus dem Englischen von Holger Fließbach
Mit einem Vorwort von Ulrich Haarmann
WAT 420. 144 Seiten

William Montgomery Watt   Kurze Geschichte des Islam

Montgomery Watt sorgt für ein tieferes Verständnis dieser Religion, ohne dabei die problematischen Momente in der Geschichte des Islam außer acht zu lassen.
In seiner dichten, klar strukturierten Geschichte des Islam erläutert er die Entstehung des Islam aus dem Nomadentum, seine Bedeutung für die soziale Gemeinschaft und die spätere politische Verbreitung und Verzweigung dieser Religion. Dabei vermeidet er weitschweifige Interpretationen und hält sich an die Quellen, besonders den Koran.

»Wer immer sich zum Islam äußert, sollte zumindest einen Text kennen: William Montgomery Watts Kurze Geschichte des Islam.«
Deutsche Erstausgabe.   Die Presse
Aus dem Englischen von Gennaro Ghiradelli
WAT 454. 144 Seiten

Lothar Baier   Die große Ketzerei
Verfolgung und Ausrottung der Katharer
Dieses Buch erzählt die Geschichte der großen Ketzerbewegung, die im zwölften Jahrhundert von Südfrankreich aus die Kirche in eine tiefe Krise stürzte.
Lothar Baier berichtet von der Verfolgung der Katharer, ohne diese ersten Ketzer mit dem Heiligenschein zu schmücken, den man Dissidenten immer wieder allzu rasch verliehen hat. An der Gnadenlosigkeit, mit der diese Andersdenkenden vernichtet wurden, läßt sich ablesen, was für eine intellektuelle und politische Herausforderung sie darstellten. Lothar Baier beschreibt diese ersten Abtrünnigen als ein Vorbild – wenn auch nicht leuchtend – für Abweichler gegen alleinseligmachende Orthodoxie.
»Ein Musterbeispiel anschaulicher und zugleich reflektierender Geschichtsschreibung.«
            Helmut Scheffel, Frankfurter Allgemeine Zeitung
WAT 410. 208 Seiten

Georges Duby   Die Frau ohne Stimme
Liebe und Ehe im Mittelalter
In der mittelalterlichen Feudalgesellschaft garantiert die Ehe zum einen den Fortbestand eines Geschlechts und die Wahrung des Besitztums. Aus kirchlicher Sicht jedoch diente sie vor allem dazu, die sündige Wollust zu bannen.
Dubys Studie ist ein grundlegender Beitrag zur Stellung der Ehefrau im hohen Mittelalter, der kenntnisreich und kritisch dazu anregt, hinter den überlieferten Texten eine andere Wirklichkeit zu entdecken.
»Äußerst anregende Perspektiven des französischen Mediävisten.«
            W. Blöcker, Neue Zürcher Zeitung
Aus dem Französischen von Gabriele Ricke und Ronald Voullié
WAT 393. 96 Seiten. Mit Abbildungen

Wie Geschichte geschrieben wird
Internationale Historiker des zwanzigsten Jahrhunderts schildern ihren Beruf und ihre Berufung
»Der Historiker sei »wie der Menschenfresser im Märchen: wo er Menschenfleisch wittert, da weiß er seine Beute«, heißt es bei Marc Bloch. Auf welche Weise aber forscht der Historiker? Braudel und Febvre erzählen, welchen Anteil die Prägungen der Historiker an der Geschichtsschreibung haben; Kosselleck schreibt über den Unterschied zwischen Erzählung und Beschreibung, Zemon Davis und Arnaldo Momigliano über den langen Weg des Historikers vom antiken Reisenden bis zum heutigen Hochschullehrer, Le Goff und Ginzburg über biographische Rekonstruktion und textkritische Deutung.
»Sehr lesenswert: Hier werden die Grundprobleme der Geschichtsschreibung behandelt.« Ines Stahlmann, Der Tagespiegel
Mit Beiträgen von Fernand Braudel, Natalie Zemon Davis, Lucien Febvre, Carlo Ginzburg und anderen
WAT 326. 128 Seiten

Carlo Ginzburg   Spurensicherung
Die Wissenschaft auf der Suche nach sich selbst
Die drei wichtigsten Aufsätze des »Querdenkers« unter den Historikern: *Indizien als historische Methode. Mentalität und Ereignis. Kunst und soziales Gedächtnis.* Diese Spurensicherung beginnt im 19. Jahrhundert mit dem Kunsthistoriker Morelli, der nebensächliche Details erstmals für die Zuschreibung von Gemälden benutzt. Anschließend beschreibt Ginzburg die beiden entscheidenden neuen geschichtswissenschaftlichen Ansätze der neueren Zeit, die Schulen von Marc Bloch und Aby Warburg.
»Verfolgt man die Spur, die Ginzburg gezogen hat, bis hin zur Spurensicherung, so durchquert man mit dem Autor das geistige Zentralplateau des 20. Jahrhunderts.«
Hannelore Schlaffer, Stuttgarter Zeitung
Aus dem Italienischen von Gisela Bonz und Karl F. Hauber
WAT 430. 176 Seiten

Horst Bredekamp
Antikensehnsucht und Maschinenglauben
Die Geschichte der Kunstkammer und die Zukunft der Kunstgeschichte
Was hat die Bewunderung antiker Skulpturen mit der Faszination von Maschinen zu tun? In einem kulturhistorischen Rückblick auf Entstehung und Formen der »Kunstkammern«, die als erste Museen zu bezeichnen sind, weist Horst Bredekamp in der scheinbar bizarren Zusammenstellung von Mineralien, Exotika, Maschinen, Gemälden, Androiden und Skulpturen eine innere Logik nach: ein klar definiertes Konzept, die kontinuierliche Entwicklung von der Natur über die »Antiken« bis zur Maschine und zum Kunstwerk nachzubilden.
»Ein Buch, dessen Fortsetzung man gern bestellen möchte!«
Petra Kipphoff, DIE ZEIT
WAT 361. 160 Seiten. Mit vielen Abbildungen

Krzysztof Pomian   Der Ursprung des Museums
Vom Sammeln
Die spannende Geschichte der Ursprünge des Museums und einer der ältesten Leidenschaften der Menschheit: des Sammelns. Am Anfang des Museums steht die private Sammlung: Pomian erforscht die Ursprünge des Sammelns und beantwortet die beiden Grundfragen: Woher kommt der oft aberwitzige Wert von Sammelobjekten? Was unterscheidet Objekte einer Sammlung von denen des täglichen Gebrauchs?
»Hier kommt die Geschichte des Sammlers in ihrer ganzen Buntheit zu ihrem Recht: ein Feuerwerk aus Assoziationen!«
Henning Ritter, Frankfurter Allgemeine Zeitung
Aus dem Französischen von Gustav Rößler
WAT 302. 112 Seiten

Fernand Braudel   Modell Italien 1450-1650
Erstmals im Taschenbuch: In seiner glänzend geschriebenen »majestätischen Gipfeltour« beschreibt Braudel die Größe Italiens und seine nachhaltige Wirkung – von der Renaissance bis zum Barock – auf die Welt. Vorgestellt wird das Muster der Zivilgesellschaft: Die Kaufleute, die »nur mit Feder und Papier« Wechsel auf ferne Orte ausstellen. Die Beherrschung des Mittelmeers. Die Erfindungen in Astronomie, Kultur und Technik. Vor allem aber der ganz Europa zivilisierende Export von Menschen: Künstler, Köche, Gelehrte, Architekten, Tanzmeister ...
»Alle menschlichen Gesellschaften erleben ihren Niedergang und ihren Fall, alle, sage ich.«
Aus dem Französischen von Sieglinde Summerer und Gerda Kurz
WAT 457. 240 Seiten

Arno Borst   Computus
Zeit und Zahl in der Geschichte Europas
In seinem unterhaltsamen kulturhistorischen Rundgang erzählt Arno Borst die Geschichte der Zeitrechnung und des Zählens von der Antike bis heute.
Der Begriff »computus« bezeichnete in Antike und Mittelalter sowohl die Zahl als auch die Zeitrechnung, später stand das Wort auch für Messbarkeit und Normierung, heute gehen wir selbstverständlich mit dem Computer um. Arno Borst zeigt, wie jede Epoche bestrebt war, der Zeiterfahrung ein eindeutiges arithmetisches Maß zu geben, und beschreibt Meßgeräte wie Astrolab und Abacus, die Entdeckung der Gesetzmäßigkeiten der Planeten bis hin zur Messung der Sekunde nach Atomschwingungen.
WAT 492. 192 Seiten. Mit zahlreichen Abbildungen

Peter Burke   Vico
Philosoph, Historiker, Denker einer neuen Wissenschaft
Eine grundlegende Einführung in das Leben und Denken des geheimnisumwobenen Italieners und großen Wissenschaftlers, der erstmalig Kultur und Gesellschaft zusammen dachte.
Peter Burke beschreibt Leben und Werke des vielseitigen Wissenschaftlers vor dem kulturellen und sozialen Hintergrund von Vicos Heimatstadt Neapel im siebzehnten Jahrhundert.
»*Pointenreich und glänzend geschrieben.*«
                            Hans-Martin Lohmann, DIE ZEIT
Aus dem Englischen von Wolfgang Heuss
WAT 399. 120 Seiten

Attilio Brilli   Als Reisen eine Kunst war
Vom Beginn des modernen Tourismus: Die Grand Tour
Die Geschichte vom Beginn unserer Sehnsucht in die Ferne: Wie die ersten neugierigen Herren (später auch Damen) der Gesellschaft zur Bildungsreise aufbrechen, die naturgemäß im Kunstland Italien endet.
»*Ein durchweg lehrreiches und zudem unterhaltsames Buch.*«
                            Frankfurter Allgemeine Zeitung
Deutsche Erstausgabe
Aus dem Italienischen von Annette Kopetzki
WAT 274. 224 Seiten. Mit vielen Abbildungen

Wenn Sie mehr über den Verlag und seine Bücher wissen möchten, schreiben Sie uns eine Postkarte (mit Anschrift und ggf. e-mail). Wir verschicken immer im Herbst die *Zwiebel*, unseren Westentaschenalmanach mit Gesamtverzeichnis, Lesetexten aus unseren Büchern, Photos und Nachrichten aus dem Verlagskontor. *Kostenlos!*

Verlag Klaus Wagenbach   Emser Straße 40/41   10719 Berlin
www.wagenbach.de